Manger équilibré

Recettes de santé

La collection *Bonne Forme, Santé et Diététique* a été créée aux États-Unis par Rebus, Inc. sous le titre *Fitness, Health and Nutrition* et publiée par Time-Life Books.

REBUS, INC.

Éditeur : RODNEY FRIEDMAN

Rédacteur en chef : CHARLES L. MEE JR.
assisté de : THOMAS DICKEY, SUSAN BRONSON
Rédacteur principal : CARL LOWE
assisté de : WILLIAM DUNNETT
Avec la collaboration de : MARY CROWLEY, MARYA DALRYMPLE, MICHAEL GOLDMAN

Directeur artistique : JUDITH HENRY
Maquettiste : DEBORAH RAGASTO
Photographie : STEVEN MAYS
Styliste en photo : NONA LOPEZ

Choix des recettes : BONNIE J. SLOTNICK
Responsable de la cuisine-laboratoire : ANNE DISRUDE
Analyste en hygiène alimentaire : HILL NUTRITION ASSOCIATES

Chef documentaliste : CARNEY MIMMS
Rédacteur adjoint : JACQUELINE DILLON

TIME-LIFE BOOKS

Directrice des publications pour l'Europe : Kit van Tulleken
Directrice adjointe : Gillian Moore
Responsable de la conception artistique : Ed Skyner
Responsable de la documentation : Vanessa Kramer
Responsable de la révision du texte : Ilse Gray

ÉDITION EUROPÉENNE

Maquettiste : Sandra Doble
Révision du texte : Lindsay McTeague
Chef du service fabrication : Maureen Kelly
assistée de : Samantha Hill
Composition : Theresa John, Debra Lelliott

ÉDITION FRANÇAISE

Direction : Dominique Aubert
Secrétariat de rédaction : Michèle Le Baube

Traduit de l'anglais par Brigitte Logeart et Agathe Fellous

BONNE FORME, SANTÉ ET DIÉTÉTIQUE

Manger équilibré
Recettes de santé

ÉDITIONS
TIME
LIFE

Éditions Time-Life, Amsterdam

CONSEILLERS POUR CET OUVRAGE

Ann Grandjean, docteur ès science, est le principal conseiller en nutrition de l'U.S. Olympic Committee et instructeur au Sports Medecine Program, University of Nebraska Medical Center.

Myron Winick, docteur en médecine, est professeur de nutrition à la Columbia University College of Physicians and Surgeons, New York.

Moya de Wet, conseillère en nutrition et diététicienne d'État, a obtenu son diplôme de nutritionniste à la Polytechnic de Londres.

Conseillers pour l'édition française

Richard Montaignac, reporter au journal *L'Équipe,* Paris.

Dr Denis Barrault, chef du département médical de l'Institut national des sports.

Dominique Rollin Duvallet, diététicienne à l'Institut national des sports.

TABLE DES MATIÈRES

CHAPITRE UN

Le régime de santé

*Comment et pourquoi
un bon équilibre alimentaire
vous aide à être en meilleure forme
et à vivre plus longtemps*

Pour avoir la force et l'énergie d'affronter chaque nouvelle journée, sans pour autant épuiser ses réserves, il convient de manger sainement. À cause de leur composition chimique, certains aliments ont la particularité d'être transformés par le corps en énergie musculaire, tandis que d'autres contiennent, eux, les éléments nutritifs indispensables à la croissance, au bon état des dents et des os, au bon fonctionnement du cœur et des poumons, des yeux et des différents organes.

La nourriture comporte, en général, des glucides, des lipides et des protéines regroupés en tant qu'éléments macro-nutritionnels et, en quantités moindres, des vitamines et des sels minéraux répertoriés sous l'appellation d'éléments micro-nutritionnels. L'eau est le troisième élément nutritionnel présent dans la nourriture. Les éléments macro-nutritionnels ont pour fonction de produire de l'énergie et de maintenir en bonne condition les différentes parties du corps. La plupart des vitamines et quelques sels minéraux contribuent à la régulation des processus chimiques à l'intérieur du corps. D'autres minéraux interviennent dans la formation des tissus, os, dents et sang compris. L'eau, quant à elle, a surtout pour rôle de faciliter la circulation sanguine.

Il n'est pas vraiment difficile d'adopter de saines habitudes alimentaires ; il suffit pour cela de choisir les aliments offrant le meilleur équilibre en substances nutritives selon les besoins du corps. Pour bien choisir, il paraît indispensable de se conformer à certaines règles : varier la nourriture, tirer la moitié au moins de ses besoins énergétiques des glucides, manger des aliments riches en fibres, consommer relativement peu de lipides et réduire l'apport de sel.

Répartition des calories d'une consommation quotidienne en pourcentage

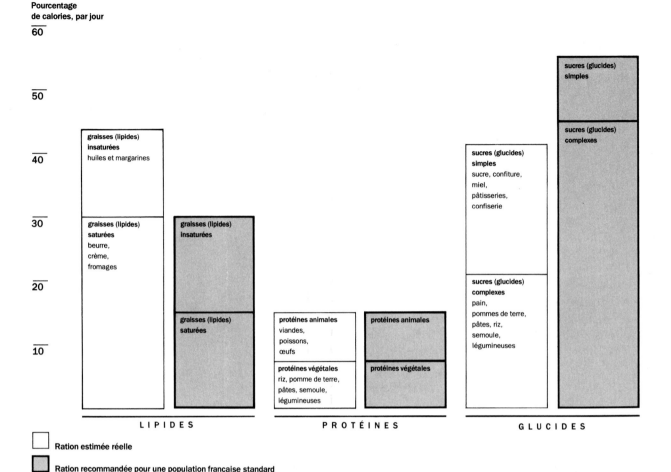

**Pourcentage
de calories, par jour**

LIPIDES   PROTÉINES   GLUCIDES

☐ Ration estimée réelle

▨ Ration recommandée pour une population française standard

Le régime alimentaire français s'est modifié depuis quelques années, avec une réduction de la consommation d'aliments tels que les viandes et les acides gras (beurre, crème), surtout à cause de la mode des repas rapides. Les Français ont de ce fait obtenu de meilleurs résultats en matière de santé. Si, comme la tendance semble l'indiquer, cette mode persiste et se généralise, on devrait constater une amélioration dans le domaine des maladies cardio-vasculaires et, en particulier, dans celui des maladies coronariennes. Cette nouvelle forme d'alimentation préconise de réduire la quantité journalière de lipides en leur substituant d'autres calories dans la proportion de 12 à 30 % et d'éliminer pratiquement toutes les graisses saturées. Elle permet d'augmenter la proportion de glucides jusqu'à 55 %, en utilisant des aliments riches en glucides. Enfin, les sources de protéines, telles que poisson, volaille et légumineuses, devraient remplacer plus souvent la viande rouge.

Pourquoi les glucides ont-ils une telle importance dans un régime alimentaire ?

Les glucides, qui sont présents dans tous les végétaux et dans la plupart des aliments à base de végétaux, sont la principale source d'énergie nécessaire au corps. Les végétaux fabriquent des glucides à partir de gaz carbonique et d'eau ; le corps puise son énergie dans les glucides en les décomposant à nouveau et en libérant l'énergie contenue dans chacun de ces deux éléments. C'est en calories que l'on mesure la quantité d'énergie puisée dans les glucides — ou, d'ailleurs, dans les lipides et les protéines. On détermine la teneur calorique d'un aliment en mesurant la quantité de chaleur dégagée par sa combustion dans un instrument de laboratoire appelé calorimètre. La chaleur engendrée est analogue à celle produite à l'intérieur du corps humain.

Plus précisément, le système digestif convertit les glucides des aliments en glucose, une forme de sucre véhiculée par le sang pour fournir de l'énergie aux cellules. À son tour, le glucose est dissocié en gaz carbonique et en eau. Le glucose inutilisé par les cellules est converti en glycogène, une autre forme de glucide stocké dans les muscles et le foie.

Cependant, la quantité de glycogène que peut contenir le corps se situe aux alentours de 350 grammes ; lorsque ce chiffre est atteint, l'excédent de glucose se transforme rapidement en graisses.

Les glucides sont-ils la seule source énergétique du corps ?

Non. Les lipides sont également une source importante d'énergie. Comme la molécule de glucide, la molécule de lipide se compose d'atomes de carbone, d'oxygène et d'hydrogène, encore que ces atomes soient associés différemment à l'intérieur de chaque molécule. Le corps puise son énergie dans les lipides par oxydation — c'est-à-dire en associant l'hydrogène des lipides à l'oxygène respiré pour former de l'eau ; ce processus libère l'énergie qui retenait l'hydrogène dans les lipides. L'oxygène n'est pas le seul maître d'œuvre de cette délicate opération : les dérivés qui se forment lorsque les glucides libèrent leur énergie interviennent également. Il est, en conséquence, très difficile pour les muscles d'utiliser les lipides en tant que source d'énergie en l'absence de glucides.

En outre, alors que l'énergie provenant des lipides ne peut être produite sans apport d'oxygène, celle qui vient des glucides peut, par contre, en être privée un court laps de temps. Pour cette raison, seuls les glucides sont à même de fournir l'énergie nécessaire à des efforts brefs, lorsque vous ne respirez pas suffisamment d'oxygène pour brûler les lipides.

Au cours d'une longue période d'efforts qui relève de l'endurance, les glucides fournissent environ la moitié de l'énergie dont le corps a besoin. Les lipides et, à un degré moindre, les protéines fournissent l'autre moitié. En fait, lorsque l'exercice dure plus de 60 minutes, les lipides peuvent fournir 80 % ou plus de votre énergie. Mais votre organisme a toujours besoin de glucides pour brûler les graisses. Les protéines n'entrent que partiellement en jeu en matière d'énergie ; en revanche, elles sont l'élément clé dans la construction de toutes les parties du corps, à savoir muscles, peau, tendons, ligaments, globules sanguins et cellules nerveuses.

Dans les aliments, la valeur énergétique des glucides et des protéines est sensiblement la même, soit 4 calories par gramme. Celle des lipides est de 9 calories par gramme. Ce qui revient à dire que brûler un gramme de lipides nécessite plus du double d'activité physique et qu'un excédent de calories se transforme inévitablement en graisse.

Comment bien répartir glucides, lipides et protéines dans un régime équilibré ?

Si vous évaluez la quantité d'éléments macro-nutritionnels de votre alimentation journalière, la proportion idéale de l'ensemble de calories devrait être approximativement de 55 à 60 % de glucides, 15 % de protéines et 30 % de lipides. Ces pourcentages ont été recommandés par l'O.M.S. (Organisation mondiale pour la santé) et, en France, par l'Académie nationale de médecine.

Pour se conformer aux normes établies, il est utile de connaître la composition des plats que vous mangez. Dans ce livre, chaque recette s'accompagne de précisions à ce sujet. En dehors de ces règles de base, votre régime sera d'autant plus équilibré que vous éviterez les éléments riches en lipides, les sucres raffinés, et que vous leur préférerez des aliments à base de glucides complexes.

Qu'y a-t-il de si particulier dans les glucides complexes ?

Tous les glucides sont des sucres mais ils jouent un rôle nutritionnel différent. Les sucres raffinés ou traités (bonbons, gâteaux, confitures et boissons sucrées) contiennent surtout du sucre simple, ou saccharose. Ces aliments riches en calories présentent peu d'intérêt sur le plan nutritionnel. S'ils sont consommés en trop grandes quantités, ils fournissent plus de calories que le corps ne peut en brûler et l'excédent se transforme en graisse.

Les glucides complexes sont constitués de chaînes de sucres que forment les amidons de nombreux aliments végétaux (pomme de terre, pâtes, pain, riz, maïs) et certaines sortes de légumes et de légumineuses. Une fois digérés, les sucres des glucides complexes sont réduits en sucres simples. Mais, contrairement à maints aliments gorgés de saccharose, ceux qui ont une haute teneur en glucides complexes sont habituellement riches en vitamines et en sels minéraux et contiennent également parfois des protéines. Nombre de ces aliments renferment de grandes quantités d'eau et de fibres non digestibles. À poids égal donc, les aliments riches en glucides composés sont presque toujours plus nutritifs et moins engraissants que les aliments chargés en sucre. Les fruits contiennent un sucre simple, le fructose, ainsi que des vitamines, des sels minéraux et des fibres qui manquent souvent aux aliments traités.

Un régime équilibré comporte-t-il une grande quantité de protéines ?

Bien qu'on pense généralement qu'une grande quantité de protéines améliore la santé et la résistance, le corps ne profite en réalité que d'un apport modéré de ces substances. Des études approfondies démontrent, au contraire, que absorber plus de protéines qu'il n'est recommandé n'accroît ni la musculature ni la force ; seuls, des exercices appropriés peuvent vous y aider. Les rations excessives de protéines ne devraient même pas figurer aux menus des culturistes et athlètes de haut niveau.

La viande est-elle la meilleure source de protéines ?

On considère tous les produits animaux, y compris les produits laitiers, comme les meilleures sources de protéines, car ils contiennent les huit acides aminés essentiels — unités chimiques de base de protéines — dont vous avez besoin pour être en forme. Les aliments végétaux (légumes, légumineuses et céréales) ne contiennent pas toutes les protéines et manquent d'un ou de plusieurs acides aminés.

Toutefois, il est possible d'obtenir la gamme complète de protéines en ajoutant aux aliments végétaux des fruits à écale (noix, amandes, etc.) et des céréales. Cette alimentation élaborée dans de bonnes proportions fournit la gamme complète d'acides aminés nécessaires à la santé. Des études font également apparaître que certains athlètes végétariens sont capables de performances très comparables à celles des amateurs de viande. Si vous complétez un régime végétarien par un bon apport des

En dehors du sucre, quel est le meilleur édulcorant ? Les confitures peuvent contribuer efficacement à vos besoins journaliers de sels minéraux en y ajoutant du fer. La plupart des autres édulcorants, y compris le miel, ne contiennent pas grand-chose d'essentiel sinon des calories inutiles. Le miel utilisé dans la cuisine a la propriété de sucrer davantage que le sucre raffiné. Vous pouvez, dans certaines recettes, remplacer le sucre par le miel en moindre quantité et préparer ainsi des desserts moins caloriques.

Régime alimentaire et endurance

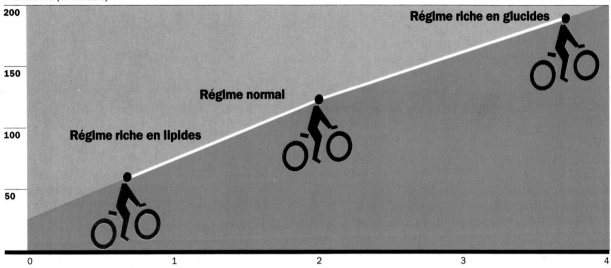

Période d'endurance (en minutes)

200

Régime riche en glucides

150

Régime normal

100

Régime riche en lipides

50

0   1   2   3   4

Glycogène emmagasiné dans les muscles (en grammes)

protéines nécessaires, vous éliminerez mieux les graisses que si vous y ajoutez de la viande.

Devez-vous complètement supprimer les lipides ?

Non. Les lipides sont nécessaires à la santé de la peau et des cheveux ; ils véhiculent les vitamines liposolubles indispensables A, D, E et K ; ils contribuent à votre bien-être après le repas en gommant la sensation de faim ; et ils fournissent quelques acides gras essentiels, composants de base de lipides dont votre corps a besoin pour fabriquer certaines hormones.

Quelle est la différence entre lipides saturés et non saturés ?

Tous les lipides allient deux types d'acide gras qui se distinguent par leur composition chimique et la quantité d'hydrogène qu'ils renferment. Les lipides saturés se chargent de tout l'hydrogène qu'ils peuvent retenir, au contraire des lipides insaturés, qui ne contiennent pas le maximum d'atomes d'hydrogène. On peut diviser les lipides insaturés en deux catégories : les monoinsaturés et les polyinsaturés. Les lipides polyinsaturés contiennent moins d'hydrogène que les lipides monoinsaturés.

Les lipides saturés sont surtout présents dans la viande, le lait, les huiles végétales. Ils demeurent généralement solides à la température ambiante et se solidifient davantage au réfrigérateur. (La graisse contenue dans le lait commercialisé ne se solidifie pas, parce que le lait est homogénéisé par un procédé qui disperse les graisses.) Les lipides polyinsaturés (entre autres, les huiles végétales, maïs ou tournesol) et les monoinsaturés (huile d'olive et d'arachide) restent liquides à la température ambiante comme au réfrigérateur.

Un régime riche en lipides et pauvre en glucides est nocif et affaiblit l'énergie. Ce graphique montre les résultats d'une étude au cours de laquelle les mêmes sujets ont été soumis successivement à un régime riche en lipides et en protéines, à un régime normal de leur choix et à un régime riche en glucides et pauvre en lipides, chaque régime ayant été suivi pendant trois jours. Lorsqu'on absorbe trop de glucides, le taux de glycogène augmente — le glycogène étant la forme que prennent les glucides dans le tissu musculaire. La montée du glycogène se traduit par une meilleure endurance : ainsi, en suivant un régime riche en glucides, les sujets peuvent faire de la bicyclette trois fois plus longtemps qu'avec un régime riche en lipides.

11

Les graisses ou les huiles hydrogénées sont des lipides insaturés qui n'ont été que partiellement saturés par d'hydrogène. C'est parce qu'on lui a ajouté de l'hydrogène que la margarine, composée en grande partie de lipides insaturés, se solidifie à la température ambiante.

Quel rapport y-a-t'il entre graisses et cholestérol ?

Le cholestérol est une substance blanche, cireuse, fabriquée par les humains et les animaux à partir de graisses. Il n'y a pas de cholestérol dans les végétaux, il n'y en a donc pas non plus dans les régimes végétaliens. Viandes, volailles, fruits de mer, produits laitiers et jaunes d'œufs contiennent du cholestérol.

Dans le corps, le cholestérol contribue à la formation de la membrane extérieure des cellules et fabrique une gaine isolante autour des fibres nerveuses. Bien que tout le corps ait besoin de cholestérol, vous devez éviter de manger trop d'aliments qui en contiennent si vous voulez rester en bonne santé. Votre foie est capable de fabriquer tout le cholestérol dont votre corps a besoin à condition que vous consommiez la quantité de lipides conseillée (soit 30 % de vos besoins quotidiens en calories).

Parallèlement à ses fonctions bénéfiques, le cholestérol peut aussi former des dépôts sur les parois des vaisseaux sanguins — état connu sous le nom d'artériosclérose. À un stade avancé, celle-ci devient la cause la plus répandue des maladies cardio-vasculaires. Lorsque ces dépôts s'accumulent au point de ralentir sérieusement la circulation sanguine dans les artères, voire de la bloquer complètement, il peut se produire une crise cardiaque mortelle.

De nombreuses études ont montré que les régimes à taux élevé de lipides saturés et de cholestérol aboutissent à un haut niveau de cholestérol dans le sang. Au contraire, les régimes contenant une forte quantité de lipides insaturés tendent à diminuer le taux de cholestérol. Des chercheurs ont réussi à détecter des vecteurs de cholestérol qui peuvent déterminer avec précision l'état du système cardio-vasculaire. Connues sous le nom de lipoprotéines, ces substances véhiculent le cholestérol dans le sang. Il en existe deux sortes : les lipoprotéines à haute densité, ou HDL, et les lipoprotéines à basse densité, ou LDL. Par des mécanismes que les chercheurs n'ont pas entièrement déterminés, les LDL transmettent du cholestérol aux cellules et en déposent sur les parois artérielles. Il semblerait, au contraire, que les HDL chassent le cholestérol du sang pour le véhiculer vers le foie où il peut être dégradé et éliminé. Ainsi, bien qu'en général le taux de cholestérol d'un individu soit une indication précieuse sur son état cardio-vasculaire, des études ont fait apparaître qu'un taux élevé de LDL est spécialement lié aux maladies coronariennes.

D'autres études indiquent que les régimes riches en lipides poly-insaturés abaissent non seulement le taux de cholestérol du sang, comparativement à ceux qui contiennent de grandes quantités de lipides saturés, mais qu'ils abaissent aussi le taux limite du LDL. (Les régimes semblent avoir peu d'effets sur les taux des HDL.) Ainsi des études comparatives entre régimes japonais et américains montrent que les Japonais qui consomment très peu de lipides saturés (grâce à leur

Cholestérol et crise cardiaque

Premières attaques cardiaques par 1000 hommes entre 30 et 59 ans sur une période de 10 ans

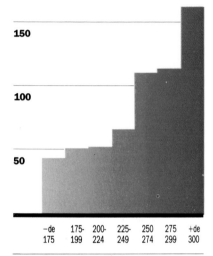

Taux de cholestérol
(milligrammes par 100 ml)

Au-delà d'un certain niveau, plus le taux de cholestérol augmente, plus les risques de crises cardiaques sont grands, comme le prouve ce schéma, résultant de nombreuses études très poussées. Au-dessous de 180 mg pour 100 millilitres de sang, le cholestérol n'est pas un facteur déterminant des maladies cardiaques. Au-dessus, il commence à jouer un rôle important. Le taux moyen de cholestérol des Français dans le second âge aujourd'hui — 230 milligrammes par 100 millilitres de sang — est, de ce fait, nettement trop élevé.

Évacuation du cholestérol

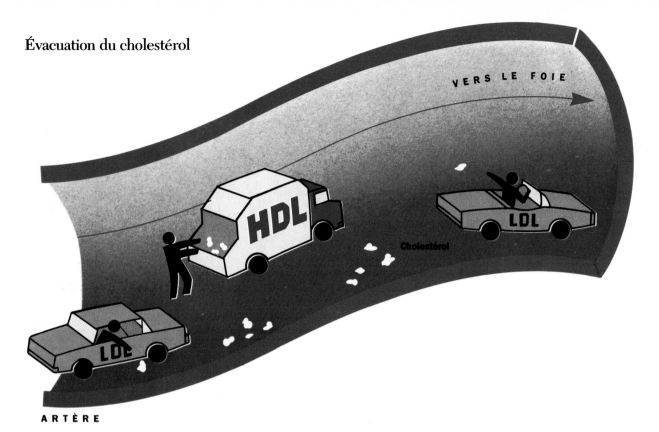

VERS LE FOIE

HDL

LDL

Cholestérol

LDL

ARTÈRE

Les LDL (lipoprotéines à basse densité) favorisent le cheminement du cholestérol dans les artères. Les HDL (lipoprotéines à haute densité) transportent le cholestérol vers le foie pour qu'il y soit dégradé. Un régime riche en lipides saturés qui sont présents dans le beurre et les graisses animales contribue à élever les LDL. Il en résulte que le cholestérol peut se déposer sur les parois artérielles, les bloquer et déclencher une maladie cardio-vasculaire. La diminution des lipides saturés réduit les LDL, diminuant, de ce fait, le risque de dépôt de cholestérol dans les artères.

alimentation à base de poisson) ont un taux beaucoup plus bas de cholestérol total et de LDL que les Américains dont le régime est riche en lipides saturés. On constate une augmentation du cholestérol dans le sang des Japonais qui émigrent en Amérique du Nord et adoptent le régime américain riche en lipides.

Quel rôle les fibres jouent-elles dans un régime équilibré ?

Les fibres sont des éléments non digestibles qui ne sont présents que dans les végétaux. Elles ne sont pas cataloguées comme éléments nutritionnels n'étant pas absorbées par le corps, mais elles ajoutent un certain volume aux déchets circulant dans l'intestin et accélèrent leur évacuation. (Le fait de boire beaucoup — 2 litres de liquide environ par jour — renforce le rôle des fibres. Le liquide est absorbé par les fibres qui gonflent, facilitant ainsi le transit intestinal.)

Le son dans le pain, les céréales complètes sont une excellente source de fibres diététiques. Contenant de la cellulose (fibre diététique), le son soigne la constipation et peut prévenir le cancer du côlon. Cependant, vous n'agirez pas dans le bon sens si vous n'utilisez que le son comme source de fibres. Fruits, légumes, fruits à écale, orge, avoine, riz complet, contiennent d'autres sortes de fibres qui semblent avoir d'autres effets bénéfiques, y compris celui d'abaisser le taux de cholestérol dans le sang. Pour que l'apport de fibres soit efficace, médecins et nutritionnistes conseillent un mélange d'aliments qui apportent quotidiennement au moins 25 à 35 grammes de fibres. Les chapitres suivants vous aideront à choisir les aliments contenant des fibres. Intégrer ces plats à votre menu, c'est être sûr d'absorber la quantité de fibres nécessaires.

Amis et ennemis des sels minéraux

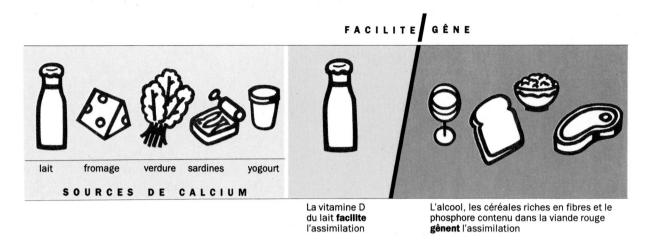

FACILITE / GÊNE

lait   fromage   verdure   sardines   yogourt

SOURCES DE CALCIUM

La vitamine D du lait **facilite** l'assimilation

L'alcool, les céréales riches en fibres et le phosphore contenu dans la viande rouge **gênent** l'assimilation

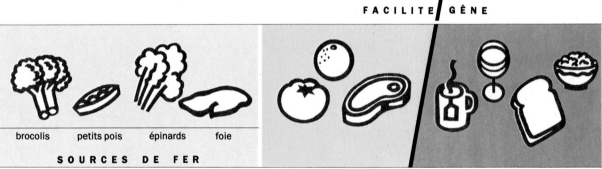

FACILITE / GÊNE

brocolis   petits pois   épinards   foie

SOURCES DE FER

Les aliments riches en vitamine C, la viande et la volaille **facilitent** l'assimilation

Le tanin du thé et du vin rouge ainsi que les céréales riches en fibre **gênent** l'assimilation

Le mélange d'aliments que vous absorbez au cours d'un repas peut avoir une influence sur l'absorption des sels minéraux. La vitamine D du lait, par exemple, aide votre organisme à assimiler le calcium. Certains éléments de l'alcool, des aliments riches en fibres et de la viande rouge gênent l'action du calcium. Par ailleurs, les aliments riches en vitamines C et les aliments de provenance animale facilitent l'assimilation du fer contenu dans les végétaux, tandis que le tanin du thé et du vin rouge, les fibres des céréales, la ralentissent.

Devez-vous prendre des vitamines et des sels minéraux en complément alimentaire ?

Vingt-cinq pour cent au moins des Français le pensent. Si vous faites partie de ceux qui suivent un régime équilibré, vous n'en avez probablement pas besoin. Aucune étude n'a jamais établi de manière formelle que l'utilisation de compléments alimentaires améliore la forme ou allonge l'espérance de vie, diminue le stress, guérit un rhume ou une autre maladie. Cependant, il apparaît que les compléments alimentaires peuvent parfois être bénéfiques : pour certaines femmes enceintes ou ayant des règles douloureuses, par exemple.

Malheureusement, nombreux sont ceux qui prennent un apport vitaminique, avec la conviction qu'ils compensent ainsi un régime mal équilibré. Erreur ! Les vitamines n'exercent leur action qu'associées aux autres éléments nutritionnels de l'alimentation. Elles ne peuvent ni se substituer à la nourriture ni changer un mauvais régime en un bon.

Les athlètes ou les individus qui fournissent de gros efforts physiques ont-ils besoin d'un régime spécial pour augmenter leur énergie ?

En général, non. Des études montrent que la consommation de nourriture ou de boissons spéciales, ou d'un complément de glucides ou de protéines, n'augmentent ni la force, ni la puissance, ni l'endurance. À cause de leurs dépenses accrues d'énergie, les athlètes peuvent avoir besoin de manger plus que la moyenne des individus. Mais le régime équilibré préconisé dans ce livre fournit les éléments nutritifs essentiels pour des exercices intensifs et des performances athlétiques.

Certains chercheurs et certains entraîneurs pensent qu'un régime spécial établi pour augmenter la quantité de glucides emmagasinés (glycogène) dans les muscles et le foie d'un athlète peut prolonger l'endurance au cours des séances d'entraînement ou des épreuves sportives dépassant 90 minutes. Mais il n'a jamais été prouvé que le surcroît de glucides puisse améliorer les performances.

Pouvez-vous perdre du poids grâce au régime préconisé dans ce livre ?

Les nutritionnistes sont d'accord pour penser que votre poids est fonction de l'équilibre entre l'énergie absorbée et l'énergie dépensée. Si vous consommez plus de calories que vous n'en dépensez par des exercices et par les fonctions internes, votre corps les transforme et les emmagasine sous forme de graisses (vous en stockez aussi une très petite quantité sous forme de glycogène).

Les renseignements que contient ce livre n'ont pas pour objet de vous faire perdre du poids. Ils sont conçus pour un régime sain et équilibré basé sur les plus récentes études en matière de nutrition. Si votre balance accuse une excès de poids, vous pouvez perdre les kilos en trop en suivant les conseils de ce livre, en y ajoutant des exercices physiques régulièrement et en mangeant plus légèrement.

Ces régimes vous aident-ils à vivre plus longtemps ?

Nombre de facteurs parmi lesquels le tabac, le manque d'exercice, les soucis, déterminent votre longévité. En abaissant le taux de graisses, comme il est recommandé ici, en réduisant l'apport des lipides saturés, on parvient à réduire le taux de cholestérol dans le sang, ce qui diminue les risques de maladies cardiaques, cause essentielle de la mortalité en France. Une étude remontant à une dizaine d'années montrait que chez les personnes dont le taux de cholestérol était trop élevé, la réduction de 1 % de ce cholestérol diminuait de 2 % le risque de mort par faiblesse cardiaque. Une autre étude portant sur plus de 350 000 individus d'âge moyen faisait apparaître que le nombre de crises cardiaques progressait parallèlement à l'augmentation du taux de cholestérol, même en tenant compte d'autres facteurs tels que l'âge, le tabagisme et l'hypertension.

Quel est le meilleur moyen d'apprendre à manger correctement ?

Examinez votre régime quotidien. Commencez par répondre au questionnaire des deux pages suivantes. Puis reportez-vous aux pages 18 à 25 : les renseignements qui y figurent vous aideront à évaluer ce que vous avez mangé au petit déjeuner, au déjeuner, au dîner ou en « en-cas ». Ensuite, prenez quelques dispositions pour rendre vos repas aussi nutritifs que possible. À partir de là, vous aborderez les recettes en toute connaissance de cause.

D*ans les milieux sportifs, on préconise certaines boissons extrêmement nutritives pour redonner de l'énergie. Cependant, la plupart des nutritionnistes estiment que l'élément de base dont vous avez besoin pour récupérer pendant les exercices physiques est l'eau. Simplement. Ainsi, plutôt que d'attendre d'avoir soif, buvez un verre d'eau fraîche avant de commencer vos exercices, un toutes les vingt minutes pendant les exercices et un autre après l'effort.*

Comment déterminer votre propre régime

Vous pouvez être parfaitement conscient du fait que vous devez réduire les doses de matières grasses et de cholestérol, consommer du sel en quantités raisonnables et absorber suffisamment de fibres sans pour autant savoir comment appliquer ces principes au quotidien. Il est facile de sous-estimer la quantité de viande, d'œufs, de glace que vous absorbez. Pour être mieux à même d'évaluer vos habitudes alimentaires — les mieux connaître —, essayez de répondre au questionnaire ci-contre.

Mangez-vous correctement?

1 Utilisez-vous du beurre ou de la margarine?

Aujourd'hui, un Français sur quatre utilise régulièrement de la margarine à la place du beurre, sous prétexte qu'elle est moins nocive. Il est exact que la margarine a un sérieux avantage nutritionnel par rapport au beurre: nombre de margarines contiennent au moins deux fois plus de lipides polyinsaturés que de lipides saturés alors que ceux présents dans le beurre sont pour la plupart saturés. Et, tandis qu'une cuillère à soupe de beurre contient 32 mg de cholestérol, la plupart des margarines n'en contiennent pas du tout.

Toutefois, si votre régime est équilibré, peu importe que vous preniez du beurre plutôt que de la margarine. Le principal est de consommer peu de lipides. Le beurre en petites quantités comme dans les recettes proposées dans ce livre n'est pas plus nocif que la margarine, les deux comportant la même quantité de calories et de lipides. Les personnes soumises à un régime strict, faible en cholestérol, ont intérêt à employer de la margarine ou une huile végétale polyinsaturée telle que l'huile de maïs, de tournesol ou de sésame. Mais, si vous préférez le goût du beurre, n'hésitez pas à vous en servir.

2 Aimez-vous préparer vous-même votre repas dans un restaurant?

Certains restaurants proposent aujourd'hui un choix de salades et de légumes frais qui peuvent constituer un déjeuner largement aussi nutritif qu'un sandwich jambon-fromage. Mais les hors-d'œuvre qui composent le buffet de ces établissements disparaissent sous la mayonnaise, riche à 99 % de lipides! Avec seulement deux bonnes cuillerées d'assaisonnement à la mayonnaise sur votre salade, vous absorberez seulement 16 g de lipides. Ainsi, vous avez tout intérêt à employer du vinaigre et de l'huile d'olive ou, mieux encore, de presser un citron au-dessus de votre salade verte.

3 Buvez-vous assez d'eau?

En moyenne, par la transpiration, la respiration pulmonaire et les sécrétions corporelles, vous perdez 2 à 3 litres d'eau par jour. Si vous faites de l'exercice par temps chaud, vous pouvez perdre 14 litres d'eau en une après-midi. L'absorption de boissons alcoolisées ou de café favorise aussi l'élimination de l'eau. Il faut donc remplacer ces pertes en mangeant des fruits et des légumes riches en eau, ou encore boire 6 à 8 verres de liquide: bouillon, jus de fruit et lait, sans oublier l'eau tout simplement.

4 Buvez-vous chaque jour de l'alcool sous une forme ou une autre?

Bu modérément, l'alcool n'est pas vraiment dangereux. De récentes études montrent que les gens qui boivent un peu d'alcool tous les jours ont un risque légèrement moindre d'avoir une maladie cardiaque que ceux qui n'en boivent pas du tout. (Ce qui n'a pas été démontré clairement, c'est pourquoi l'alcool aide à dissoudre le cholestérol dans les artères et diminue ainsi le risque de maladies cardiaques!) Donc, si vous buvez modérément, peut-être même vous faites-vous un peu de bien...

Mais, si vous décidez de boire, n'oubliez pas que les boissons alcoolisées contiennent un nombre très élevé de calories. Une bière, par exemple, représente 150 calories, un verre de vin blanc 80 calories, une vodka-martini 140 calories, plus 7 autres de lipides si vous y ajoutez une olive.

Si vous faites partie des «sans alcool», rien ne vous oblige à vous mettre à boire. De meilleurs moyens existent qui permettent de réduire les risques cardiaques : régime, exercices physiques, contrôle du stress, entre autres.

5 | Combien de fois par semaine mangez-vous de la viande?

De nombreux Français mangent de la viande au dîner presque chaque soir, avec une nette préférence pour le bœuf. En plus, ils se servent des portions plutôt considérables et c'est là où réside le problème. Si vous consommez 250 g de steak ou de viande hachée, vous absorbez de toute façon de 200 à 300 calories provenant des lipides, en grande partie saturés. La quantité de protéines d'une portion de viande de 250 grammes est de 2 ou 3 fois plus élevée que ce dont vous avez besoin pour un repas. Adopter un régime équilibré n'équivaut pas à supprimer complètement la viande. Mais 100 grammes de viande dégraissée vous fourniront la moitié des protéines dont vous avez besoin quotidiennement. En remplaçant la viande par le poisson ou le poulet, vous pouvez réduire les lipides saturés, comme vous pouvez aussi trouver les protéines nécessaires dans les haricots secs, les pâtes, le riz, le maïs. Voir en page 22 les conseils à suivre ayant trait aux portions de viande à servir au dîner.

6 | Prenez-vous un dessert chaque jour?

Tartes, gâteaux et petits fours sont la source principale des 35 à 40 kg de sucre que le Français moyen consomme chaque année. En d'autres termes, un cinquième de sa ration quotidienne de calories vient du sucre qu'il absorbe. Inutile de supprimer complètement toutes ces calories. Mais vous pouvez remplacer une tranche de gâteau, qui contient de 200 à 500 calories, par un fruit. La moitié d'un melon, par exemple, fournit 50 calories, 157 g de fraises fournissent 45 calories seulement, soit la quantité nécessaire en vitamine C pour toute une journée! Vous pouvez terminer un repas par un yogourt aux fruits (1 petit pot — 12,5 cl — de yogourt à 0 % de m.g. contient 58 calories).

Contrôlez votre cholestérol

Les fibres des pommes, des carottes, des légumineuses, des fruits à écale et des germes de soja peuvent abaisser le taux de cholestérol, tandis que celles du blé, du son, des céréales, des pains complets n'ont pas d'incidence sur lui. Certains chercheurs sont d'avis que l'huile du poisson peut aussi faire baisser le taux de cholestérol. Les sujets qui doivent le maintenir au taux de 300 milligrammes, voire en dessous, devraient surveiller leur consommation quotidienne d'œufs. Par ailleurs, ils devraient diminuer leur consommation de graisses saturées qui stimulent l'autoproduction du cholestérol.

Comment lire
l'étiquette d'une
boîte de céréales

Müesli

Sans colorants ni arômes artificiels

Même lorsque l'étiquette affirme qu'un produit à base de céréales ne contient ni colorants ni arômes artificiels, cela n'exclut pas la présence de conservateurs artificiels: ceux-ci doivent, toutefois, obligatoirement figurer parmi les ingrédients énumérés.

Renseignements diététiques

La composition détaillée doit figurer sur l'étiquette des produits garantis de culture biologique sans engrais chimiques ni pesticides.

Ce tableau englobe à la fois l'ensemble des amidons et des sucres simples. En partant de ces indications, il n'est pas possible de déterminer la quantité de sucre (saccharose) ajoutée. Certains produits ne contiennent pas de sucre ajouté.

	30 g de produit	100 g de lait entier	Total
Valeur énergétique	106 kcal	64 kcal	170 kcal
Glucides	20,5 g	4,7 g	25,2 g
Protides	3,2 g	3,3 g	6,5 g
Lipides	1,8 g	3,6 g	5,4 g

Kilocalories (en abrégé kcal ou calories) et kilojoules (kj) sont des unités d'énergie: un kilocalorie équivaut à 4,2 kilojoules. Le corps puise son énergie dans la nourriture pour conserver sa chaleur et se mouvoir; les calories en excédent sont stockées sous forme de graisse.

Les fabricants doivent obligatoirement indiquer la teneur en lipides totaux, mais ils ne sont pas tenus de spécifier les quantités de graisses saturées et non saturées. Pour calculer le pourcentage de calories provenant des lipides, multipliez par 9 le nombre de grammes de lipides et divisez par le nombre total de calories. Par exemple, vous pouvez calculer que dans une portion brute de ce produit, 5% des calories proviennent des lipides (neuf fois 0,6 égale 5,4; en divisant 5,4 par 100, on obtient 0,054, soit 5%).

Ingrédients
Flocons d'avoine, raisins secs, pommes séchées

Les ingrédients sont énumérés suivant leur poids, l'ingrédient principal figurant en tête de liste. Choisissez de préférence un produit sans adjonction de sucre ou de sel. Si les céréales sont des céréales complètes, elles contiennent une petite quantité de son.

Poids net 750 g

Poids du produit

Le petit déjeuner

Un adulte sur quatre ne prend généralement pas de petit déjeuner. Certains chercheurs sont d'avis que vos fonctions intellectuelles et physiques souffrent de la suppression de ce premier repas, alors que d'autres pensent qu'elle est sans effet dans ce domaine. Mais quelles que soient vos occupations une heure ou deux heures après le début de la journée, le petit déjeuner est le repas avec lequel vous pouvez le plus facilement décider d'un régime efficace. Tout ce dont vous avez besoin, glucides complexes et calcium, est contenu dans des aliments pauvres en graisses, riches en fibres.

Malheureusement, certains aliments qui constituent les petits déjeuners traditionnels, comme le beurre, la confiture, les croissants, voire la charcuterie et les œufs sont extrêmement riches en lipides et en sucres et même parmi les plus nocifs. Dans cet ouvrage, toutes les recettes de petit déjeuner évitent de faire appel à des quantités trop importantes de graisses et de sucres. Quels que soient les plats choisis, en suivant les conseils ci-dessous, vous aurez un petit déjeuner des plus «équilibrés» :

1. Au lieu de prendre des toasts de pain de mie avec beurre et confiture, essayez plutôt, par exemple, le pain complet tartiné d'une mince couche de fromage blanc basses calories, et des fruits *(page 136)*.

2. Lorsque vous achetez des céréales, choisissez les marques riches en fibres, pauvres en sucre et en sel. Vous pouvez vérifier sur l'emballage la valeur nutritionnelle du contenu, comme sur le schéma ci-contre. Mélangez les céréales avec du lait demi-écrémé ou écrémé, ajoutez des tranches de fruits riches en vitamines et en sels minéraux, plutôt que du sucre.

3. Pour ne pas taquiner votre taux de cholestérol, faites frire les œufs dans de la margarine ou de l'huile végétale polyinsaturée, plutôt que dans du beurre, dont la teneur en graisse est élevée. On peut également consommer les œufs durs, à la coque, pochés ou frits dans une poêle non adhésive sans adjonction de graisse.

4. Avec votre petit déjeuner, mangez un quartier de citron ou buvez un jus de citron, riches en vitamine C.

Rappelez-vous aussi qu'il n'y a aucune raison physiologique pour limiter votre choix d'aliments à ceux du petit déjeuner traditionnel. Les galettes de kacha et de pommes de terre *(page 49)*, par exemple, ou les galettes à la ricotta et sauce fraise et les quesadillas aux légumes *(page 128)* sont aussi bonnes à déguster au petit déjeuner qu'à tout autre moment et ont toutes trois une grande valeur nutritive.

Le déjeuner

Nombreux sont ceux qui déjeunent d'un simple sandwich au jambon ou au saucisson. Les sandwiches sont riches en graisse et en sel et souvent conservés à l'aide de nitrates (éléments chimiques que certains chercheurs considèrent comme susceptibles de provoquer le cancer de l'estomac). Les sandwiches-volaille, au blanc de poulet ou de dinde, sont meilleurs pour la santé parce qu'ils sont moins riches en lipides. Et mieux vaut consommer une salade verte qu'une salade de pommes de terre souvent imbibée de mayonnaise à haute teneur en graisse.

Comme assaisonnement de votre salade verte, choisissez une autre sauce que la mayonnaise. Les meilleurs assaisonnements sont à base de jus de citron (jaune ou vert) ou de vinaigre et d'un peu d'huile d'olive.

Les soupes pauvres en lipides ne sont pas seulement nutritives, elles aident à perdre du poids grâce à leur haute teneur en eau. Une étude sur la perte de poids a prouvé que les personnes au régime qui consomment ce genre de soupes, au moins quatre fois par semaine, perdent davantage de poids que les autres. Choisissez, par exemple, la soupe de pois chiches et de scarole ou la soupe aux haricots secs et au maïs doux *(page 80)* ou, encore, la soupe au bœuf, au chou et à la bière *(page 114)* qui tire 25 % de ses calories des protéines et ne comportent qu'une petite tranche de bœuf maigre afin de réduire l'apport de lipides.

Les experts recommandent de déjeuner légèrement. Si vous prenez un petit déjeuner copieux, vous serez moins tentés à l'heure du déjeuner. Les conseils suivants vous aideront à mieux composer votre menu:

1. Comme les autres repas, le déjeuner doit comporter une quantité satisfaisante de glucides, pas trop de lipides mais ne pas manquer de protéines.

Une étude faite en milieu universitaire démontre qu'un déjeuner trop riche en glucides et trop pauvre en protéines donne aux individus la sensation d'être «sonnés», sans doute parce que les aliments riches en glucides libèrent la sérotonine, substance chimique du système nerveux qui donne envie de dormir. Un apport de protéines diminue ou annule cette sensation. Un exemple de déjeuner équilibré facile à préparer, qui allie glucides et protéines dans d'excellentes proportions, est le sandwich aux haricots, chou et pommes *(page 83)*. Les protéines complémentaires du pain et des haricots contiennent tous les acides aminés essentiels — donc des protéines complètes —, tandis que le pain et la pomme apportent la quantité nécessaire de glucides.

2. Pour diminuer la quantité de sucre simple au déjeuner, évitez les desserts sucrés, remplacez-les par des fruits. Nombre d'entre eux ont un goût sucré mais comportent un maximum d'eau, ce qui explique qu'ils sont moins riches en sucre que les gâteaux, les tartelettes et les confiseries. Si vous mangez des fruits en conserve, choisissez ceux qui sont préparés dans leur propre jus ou dans du jus de pomme; ils contiennent un tiers ou moitié moins de calories que les fruits au sirop.

3. Produits laitiers allégés et lait écrémé ou demi-écrémé sont de bonnes sources de protéines et de calcium. Ils ne contiennent pas beaucoup de lipides. Un verre de lait écrémé ou demi-écrémé au déjeuner augmente la quantité de calcium et de protéines, comme d'ailleurs le yogourt à 0 % de matières grasses. Cependant, les yogourts aux fruits sont souvent très riches en sucre. Il est préférable d'acheter des yogourts à 0 % et d'y ajouter des tranches de fruits soi-même. Vous obtenez ainsi tout le

Où prendre votre calcium

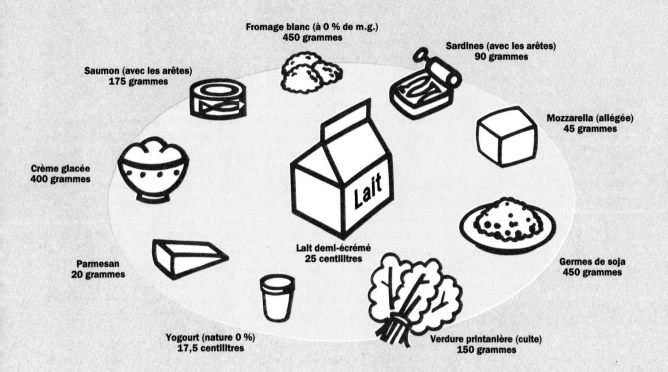

Fromage blanc (à 0 % de m.g.)
450 grammes

Sardines (avec les arêtes)
90 grammes

Saumon (avec les arêtes)
175 grammes

Mozzarella (allégée)
45 grammes

Crème glacée
400 grammes

Lait demi-écrémé
25 centilitres

Parmesan
20 grammes

Germes de soja
450 grammes

Yogourt (nature 0 %)
17,5 centilitres

Verdure printanière (cuite)
150 grammes

bénéfice du calcium et des protéines du yogourt, des vitamines et des sels minéraux des fruits frais sans l'apport calorique du sucre.

4. Le croquis ci-dessus indique d'autres aliments que le lait ajoutant du calcium à votre régime. Saumon et sardines consommés avec leurs arêtes apportent une bonne quantité de calcium. La salade de lentilles et de riz au saumon de la page 101 est un plat nourrissant, riche en calcium, en protéines et en glucides. La salade printanière de pâtes et de saumon *(page 107)* tire ses glucides des pâtes et le saumon apporte calcium et protéines. Dans ce plat, les protéines complètes du poisson suppléent les protéines incomplètes des pâtes pour en augmenter la quantité totale dans votre organisme.

5. Supprimer l'alcool au déjeuner pour rester en forme toute la journée.

C'est une erreur fréquente de croire qu'un apéritif, un verre de vin ou de bière détend et rend plus sociable. En fait, l'alcool diminue l'activité du système nerveux, les facultés intellectuelles, ralentit les réflexes et conduit à la somnolence. C'est en plus une source importante de calories.

6. Jus de fruits ou eau sont préférables aux boissons sucrées. Boire de l'eau est la meilleure manière de compenser l'élimination des liquides corporels. Les jus de fruits peuvent fournir autant de calories que les boissons sucrées, mais il contiennent aussi des vitamines et des sels minéraux. Les boissons sucrées, elles, ne sont constituées, en général, que de sucre, d'eau et d'éléments aromatiques. Même celles qui sont à base de jus de fruits n'en contiennent pas assez pour contrebalancer leur haute teneur en sucre.

Boire du lait n'est pas le seul moyen d'ajouter du calcium à votre régime. Le schéma ci-dessus indique d'autres portions d'aliments contenant la même quantité de calcium qu'un verre (25 cl) de lait demi-écrémé. La liste ci-dessous indique la quantité de portions équivalentes que vous devriez inclure dans votre régime quotidien.

Nombre de verres de lait ou d'équivalents recommandés pour assurer un apport de calcium suffisant

Enfants	3
Adolescents	4
Adultes	3
Femmes enceintes	4

Le dîner

Le dîner est par tradition le principal repas de la journée, et se compose essentiellement d'une portion de viande, de volaille ou de poisson (250 g ou plus). Si à ces aliments riches en protéines viennent s'ajouter d'autres aliments riches en glucide, l'équilibre de ce repas se trouve respecté. Mais, consommés trop souvent, en grandes quantités et sans addition de légumes et de céréales, les aliments de provenance animale peuvent amener un déséquilibre diététique et produire une surcharge de lipides et de protéines.

Lorsqu'on dîne à l'extérieur, bien se nourrir n'est pas toujours facile. Comme le montre, à la page suivante, l'échantillonnage de plats proposés par les restaurants, la plupart puisent leurs calories surtout dans les lipides. Que vous dîniez dehors ou chez vous, vous pouvez manger plus sainement en tenant compte des conseils suivants :

1. Mangez des portions modérées de viande (de 90 g à 150 g). Accompagnez cette viande de légumes ou choisissez un plat viande-légumes associés, vous obtiendrez ainsi un repas équilibré. Le bœuf sauté aux légumes *(page 113)*, par exemple, garde un bon goût de bœuf tout en comportant beaucoup moins de viande qu'un sauté de bœuf traditionnel ou qu'un steak.

2. Commencez, si possible, votre dîner par une bonne assiette de potage aux légumes ou une salade. En général, ces plats sont moins caloriques que les plats à base de viande. Lorsque vous en serez au plat principal, votre appétit sera satisfait avec un apport de viande moindre. La soupe aux fèves et aux poireaux *(page 82)* n'apporte pas que des protéines ; elle procure aussi des fibres que la viande ne fournit pas. Quand on fait suivre la soupe d'une petite portion de viande, les protéines complètes qu'elle contient apportent les acides aminés essentiels qui manquent dans les protéines incomplètes des légumes.

3. Consommez plus de volaille et de poisson que de viande rouge. Sans la peau, la viande blanche du poulet et de la dinde a moins de calories que la viande rouge. Des études ont fait apparaître que les lipides du poisson sont, en général, moins nocifs que ceux de la viande rouge et meilleurs pour le système cardio-vasculaire.

4. Évitez les sauces trop riches à base de crème et de beurre pour accompagner pommes de terre et légumes afin de ne pas transformer des aliments pauvres en lipides en plats riches en graisses. Utilisez plutôt yogourts, herbes aromatiques, jus de citron (jaune ou vert), ail et oignons.

5. Faites deux ou trois dîners par semaine sans viande du tout. En associant légumineuses et céréales, comme dans la recette des croquettes de lentilles à la salade de carottes épicée *(pages 88-89)*, vous obtenez des protéines aussi complètes qu'avec la viande, mais avec moins de lipides. Bien entendu, ne faites pas cuire ces aliments végétaux dans une trop grande quantité de friture ou d'huile.

6. Quand vous dînez au restaurant, demandez que l'accompagnement de votre salade soit servi à part et prenez-en modérément (deux ou trois cuillères à café suffisent). Vous pouvez aussi demander une sauce allégée ou préparer vous-même votre vinaigrette.

7. Utilisez le tableau ci-contre pour sélectionner les plats de votre dîner à l'extérieur. Choisissez de préférence des plats pauvres en graisses. Ôtez, bien sûr, la peau de la volaille ; refusez les fritures.

8. Au dessert, mangez des fruits frais. Mais vous pouvez également terminer votre repas par un sorbet aux fruits, pauvre en lipides : sa teneur en sucre sera toutefois supérieure à celle des fruits frais.

DÎNER DEHORS

et rester en forme

MENU AVEC TENEURS EN LIPIDES

Lorsque vous dînez à l'extérieur, choisissez de préférence des plats dont la graisse ne représente au plus que 35 % des calories

HORS-D'ŒUVRE

	% calories provenant de la graisse
Melon	traces
Avocat	89
Avocat au crabe	82
Mousse de maquereau fumé	85
Crème vichyssoise	50
Asperge	traces

ENTRÉES

VOLAILLE ET GIBIER

Poulet rôti	36
Poulet à la Kiev	70
Dinde rôti	38
Canard rôti	77
Faisan	18
Chevreuil rôti	27
Blanc de poulet grillé	25

VIANDE

Rôti de bœuf	32
Rumsteck	32
Steak flambé	69
Ragoût de bœuf	60
Cheeseburger	40
Gigot d'agneau	37
Côtelette d'agneau	30
Rôti de porc	34
Tranche de porc grillé	43
Blanquette de veau	55
Navarin d'agneau	52

POISSONS ET CRUSTACÉS

Truite au four	78
Hareng grillé	59

	% calories provenant de la graisse
Crevettes grillées	8
Beignets de crevettes	43
Cabillaud au four, au court-bouillon ou grillé	10
Saumon au court-bouillon	60
Beignets de cabillaud	45

SPÉCIALITÉS

Spaghetti bolognese	40
Pizza au fromage et à la tomate	46
Moussaka	60
Poulet au curry	80
Poulet sauté au légumes	29

ACCOMPAGNEMENTS

Pomme de terre au four	traces
Frites	39
Pommes de terre à la crème	38
Salade de pommes de terre	57
Haricots verts	traces
Carottes	traces
Salade verte	traces
Céleri-rave	87
Vinaigrette	99
Mayonnaise	99

DESSERTS

Salade de fruits	traces
Fraises	traces
Crème glacée	49
Sorbet aux fruits	traces
Forêt noire	52
Tarte	35
Cheesecake	75

Les «en-cas»

On croit souvent que les «repas express» sont néfastes à la santé car ils se composent en général de bonbons, d'amuse-gueule, de chips et autres gourmandises riches en sucres, en sel et en graisses mais pauvre en éléments nutritionnels. Mais, rien n'est moins sûr. Il ne vous coupent pas forcément l'appétit et ne vous font pas obligatoirement prendre du poids. En fait, si vous avez faim entre deux repas, mieux vaut prendre un «en-cas» léger que de manger exagérément au repas suivant. Les suggestions ci-dessous montrent comment ces «en-cas» peuvent fournir des éléments nutritionnels importants et vous ôter l'envie de trop manger.

1. Évitez les «en-cas» trop salés tels que chips ou cacahuètes, susceptibles d'augmenter considérablement le taux de sodium dans l'organisme. Selon de nombreuses études, trop de sel dans un régime (plus de 2 000 mg par jour) peut conduire à un excès de tension. Si vous êtes gourmands de ces friandises, essayez au moins de trouver des variétés non salées.

2. Optez pour des aliments qui n'ont été ni raffinés, ni traités. Fruits et légumes frais, par exemple, contiennent plus de fibres et d'eau que les aliments traités et vous nourrissent sans vous apporter un excédent de calories. Ils comportent également plus de vitamines et de sels minéraux et moins de lipides. Ainsi, les pommes de terre simplement cuites au four ne contiennent que peu de lipides en comparaison des chips et des frites.

3. Choisissez des amuse-gueule à l'huile végétale. Nombre d'entre eux

La plus grande quantité de sel que vous absorbez est déjà dans votre nourriture avant même que vous n'utilisiez une salière. En choisissant des aliments pauvres en sodium, vous réduisez votre consommation de sel. Le schéma ci-dessous donne des exemples d'aliments riches ou pauvres en sodium. Consommer la nourriture appropriée est une chose mais vous pouvez aussi diminuer l'apport de sel en utilisant à sa place des herbes aromatiques et des épices comme assaisonnement.

Teneur en sodium des aliments

	mg/100 g moins de 100	mg/100 g 100-500	mg/100 g 500-2000	mg/100 g plus de 2000
Céréales	Riz, cuit 2 Farine 2-4 Cornflakes 8		Pain blanc 540 Pain complet 540 Son 1670	
Fruits	Pommes 2 Oranges 3 Fruits à écale, non salés 2-4 Autres fruits frais 1-30 Fruits secs 12-85	Cacahuètes, grillées et salées 440		Olives énoyautées, en saumure 2250
Légumineuses	Lentilles 12 Haricots secs 15			
Légumes	Pommes de terre, bouillies 3 Chou blanc, bouilli 4 Brocolis, bouillis 6 Poireaux, bouillis 6 Carottes, bouillies 50 Autres légumes frais 2-95	Épinards, bouillis 120 Céleri 140 La plupart des légumes en conserve 230-480 (sauf si l'indication «sans sel» figure sur la boîte)	Pommes «chips» 550	
Viande	Bœuf, agneau, porc 60-90 Poulet 80-90		Jambon 1 100 Salami 1 800	
Poisson et fruits de mer	Cabillaud 81 Limande-sole 82 Flétan 84	Hareng, grillé 170 Crevettes fraîches 375 Thon en boîte, à l'huile 420	Poisson fumé ou légèrement salé et fumé 1000-1800	Anchois, en boîte 3930
Produits laitiers	Lait 50 Yogourt 75	Fromage blanc 450	Mimolette 610 Roquefort 1150-1420	

Données de base et recommandations

Selon les spécialistes, le régime d'un adulte moyennement actif doit être pauvre en lipides, riche en glucides et modérément riche en protéines. Pas plus de 30 % des calories ne doivent provenir des graisses : 55 à 60 % seront d'origine glucidique et 15 % seulement proviendront des protéines. Un gramme de graisse équivaut à 9 calories alors qu'un gramme de protéine ou de glucide égale 4 calories : en conséquence, si vous absorbez 2 100 calories par jour, vous devez consommer approximativement 60 grammes de corps gras, 315 grammes de glucides et, au maximum, 75 grammes de protéines. Si vous suivez ce type de régime pauvre en matières grasses et riche en glucide, vous réduirez considérablement les risques d'affections cardio-vasculaires, de cancer et autres maladies de pléthore.

◆ Les tableaux qui accompagnent chacune des recettes des pages suivantes précisent le nombre de calories et la proportion, exprimée en grammes et en pourcentage, de graisses, de glucides et de protéines par portion. Sont également spécifiées les quantités de calcium, de fer et de sodium présentes dans chaque portion.

◆ L'insuffisance calcique peut être associée à la parodontolyse qui attaque, chez l'homme comme chez la femme, les os et les tissus buccaux, y compris les gencives, ainsi qu'à l'ostéoporose qui se caractérise, chez les femmes âgées en particulier, par une raréfaction de la densité osseuse. Cette carence peut, en outre, entraîner une pression artérielle élevée. La ration de calcium quotidiennement recommandée est de 800 milligrammes pour les hommes et pour les femmes, de 1 200 milligrammes pour les femmes enceintes et celles qui allaitent. Elle se situe entre 1 200 et 1 500 milligrammes pour les femmes en période postménopausique.

◆ S'il est possible de diminuer le volume des graisses ingérées en réduisant la consommation de viande rouge, veillez à vous procurer d'autres sources de fer nécessaires à votre organisme. Les standards alimentaires définis par les spécialistes préconisent un minimum de 10 milligrammes de fer par jour pour les hommes et de 18 milligrammes pour les femmes entre 11 et 50 ans.

◆ Une alimentation riche en sodium est associée à une pression artérielle élevée. La plupart des adultes devraient limiter leur ration quotidienne de sodium à 2 000 milligrammes. Une façon de contrôler la consommation de sodium consiste à ne pas saler les aliments à table.

sont faits avec de l'huile aux graisses saturées, responsables de l'artériosclérose. Les meilleurs amuse-gueule, bâtonnets au sésame, biscuits aux grains de blé, gâteaux au riz et gaufrettes au son, sont confectionnés avec des huiles non saturées telles que des huiles de soja, de tournesol, de maïs ou d'olive.

4. Les céréales sans sucre ou légèrement sucrées, ajoutées à du lait demi-écrémé ou du yogourt 0 % constituent un «en-cas» nourrissant et équilibré. La recette du müesli *(page 65)* en est un bon exemple. Évitez les barres de friandises généralement riches en graisses saturées et en sucre.

5. Les boissons sucrées que beaucoup consomment avec leur «en-cas» ne comportent pas grand-chose d'autre que du sucre, de l'eau, des essences parfumées. Plus nutritives sont les boissons à base de fruits mélangés, faites maison *(pages 74-75)*. Celles-ci, parmi d'autres, contiennent vitamines, sels minéraux et fibres.

Guide des vitamines et des sels minéraux

Vitamines	Apports recommandés pour adultes	Sources alimentaires	Effets
A	750 mcg (microgrammes)	Foie, œufs, lait, carottes, tomates, abricots, melon, poisson	Favorise l'équilibre visuel, maintient en forme, entretient la peau et les muqueuses, protègerait de certains cancers
C	30 mg (milligrammes)	Agrumes, fraises, tomates	Protège les vaisseaux capillaires, les gencives et les dents ; facilite l'assimilation du fer ; peut bloquer la production des nitro-aminés ; entretient les tissus musculaires et nerveux ; facilite la cicatrisation des plaies
D	5-10 mcg [200-400 Unités Internationales]	Lait, poisson, margarine ; également les substances fabriquées par l'organisme par réaction au soleil	Nécessaire pour fortifier les os et les dents ; pour faciliter l'assimilation du calcium
E	8-10 mg	Fruits à écale, huiles végétales, céréales complètes, olives, asperges, épinards	Protège les tissus de l'oxydation ; active la formation des globules rouges (hématies) ; aide l'organisme à assimiler la vitamine K
K	70-140 mcg°	L'organisme produit environ la moitié de ses besoins quotidiens ; brocolis, chou-fleur, chou, épinards, céréales, germes de soja, foie de veau	Favorise la coagulation du sang
B-1 (Thiamine)	1-1,3 mg	Céréales complètes, haricots secs, viandes maigres (spécialement le porc), poisson	Facilite l'assimilation des glucides ; nécessaire aux cellules cérébrales et nerveuses ainsi qu'aux fonctions cardiaques
B-2 (Riboflavine)	1,2-1,7 mg	Fruits à écale, produits laitiers, foie	Facilite l'utilisation des principes nutritifs ; interfère avec les autres vitamines B
B-3 (Niacine)	15-19 mg	Fruits à écale, produits laitiers, foie	Facilite l'utilisation des principes nutritifs ; agit dans la synthèse des ADN ; protège la peau et assure le bon fonctionnement des nerfs et du système digestif
B-5 (Acide pan-thoténique)	4-7 mg°	Céréales complètes, haricots secs, œufs, fruits à écale	Facilite l'utilisation des principes nutritifs ; essentielle à la synthèse des nombreux tissus du corps
B-6 (Pyridoxine)	1,8-2,2 mg	Céréales complètes, haricots secs, œufs, fruits à écale	Rôle important dans les réactions chimiques des protéines et des acides aminés ; nécessaire au bon fonctionnement du cerveau et à la formation des hématies
B-12	3 mcg	Foie, bœuf, œufs, lait, fruits de mer	Nécessaire au développement des hématies ; maintient l'équilibre nerveux
Acide folique	300 mcg	Foie, son, légumes à feuilles vertes, haricots, céréales	Rôle important dans la synthèse des ADN ; renforce l'action de la vitamine B_{12} dans la production d'hémoglobine
Biotine	100-200 mcg°	Levure, œufs, foie, lait	Rôle important dans la formation des acides gras, ainsi que dans le métabolisme des acides aminés et des glucides

Les apports recommandés pour adultes concernent les éléments nutritifs nécessaires chaque jour pour conserver une bonne alimentation. Chaque apport est établi en fonction d'un groupe d'individus en bonne santé, mis à part les femmes enceintes ou qui allaitent qui ont besoin de plus de vitamines et de sels minéraux. Un astérisque indique qu'il n'y a pas de recommandation pour un élément nutritif particulier et que seul l'apport est mentionné.

Sels minéraux principaux	Apports recommandés pour adultes	Sources alimentaires	Effets
Calcium	500 mg (1 200 pour les femmes enceintes) 1 litre de lait = 1 100 mg	Lait et produits laitiers, sardines et saumon avec arêtes, légumes à feuilles vert foncé, fruits de mer, eau calcaire	Constituant principal des os et des dents, il favorise leur densité et leur solidité ; prévient l'ostéoporose chez les personnes âgées ; régularise les pulsations du cœur, la coagulation du sang, la contraction des muscles
Chlore	1 900-5 000 mg°	Sel de table, poisson, aliments fumés et conservés dans la saumure	Facilite la modification des éléments liquides ; équilibre le pH du sang ; forme l'acide chlorhydrique dans l'estomac
Magnésium	300 mg (femmes) 350 mg (hommes) 60 g d'épinards = 160 mg	Son, céréales complètes, légumes crus à feuilles vertes, fruits à écale, germes de soja, bananes, abricots, eau calcaire, épices	Favorise la croissance des os ; aide au bon fonctionnement des nerfs et des muscles et à la régulation du rythme cardiaque
Phosphore	800 mg 20 cl de lait = 993 mg 125 g poulet = 231 mg	Viandes, volaille, poisson, fromage, jaunes d'œufs, pois et haricots secs, lait et produits laitiers, boissons sucrées	Favorise la croissance des os, le renforcement des dents ; importante action métabolique
Potassium	1 500-6 000 mg° 60 g de raisins secs = 500 mg 1 banane = 400 mg 1 petite pomme de terre = 400 mg	Oranges, bananes, raisins secs, beurre de cacahuète, pois et haricots secs, pommes de terre, café, thé, cacao, yogourt, mélasse, viande	Favorise la régulation cardiaque ; agit sur la contraction musculaire ; régule le transfert des éléments nutritifs aux cellules ; contrôle l'équilibre de l'eau dans les tissus et les cellules
Sodium	2 000 mg	Tout ce qui contient du sel	Assure à l'organisme un apport équilibré en eau ; régule la tension

Traces de minéraux	Apports recommandés pour adultes	Sources alimentaires	Effets
Chrome	0,05-0,20 mg°	Viande, fromage, céréales complètes, pois et haricots secs, levure de bière	Rôle important dans le métabolisme du glucose ; peut être un cofacteur de l'insuline
Cuivre	2-3 mg°	Fruits de mer (particulièrement les huîtres), fruits à écale, foie de veau et de porc, chocolat, rognons, haricots secs, raisins secs, margarine	Active la formation des hématies ; cofacteur dans l'assimilation du fer par celles-ci ; aide la formation de diverses enzymes nécessaires à la respiration ; complète l'action du zinc
Fer	10 mg : hommes 12 mg : femmes pendant les années de maternité 125 g de foie de veau = 12 mg	Foie de veau, rognons, viandes rouges, jaunes d'œufs, pois, haricots, fruits à écale, fruits secs, légumes à feuilles vertes, produits à base de céréales enrichies, mélasse	Indispensable à la formation de l'hémoglobine, agent de l'oxygénation du sang ; élément de nombreuses enzymes et protéines de l'organisme
Fluor	1,5-4,0 mg°	Eau fluorée, aliments cultivés ou cuits avec de l'eau fluorée, poisson, thé, gélatine	Aide à fortifier les os et la formation des dents ; peut aider à éviter l'ostéoporose chez les personnes âgées
Iode	0,15 mg	Principalement le sel iodé ; également fruits de mer, produits de base d'algues, légumes cultivés dans une terre riche en iode, huile végétale	Nécessaire au bon fonctionnement de la glande thyroïde ; indispensable aux cellules ; maintient la peau, les cheveux et les ongles en bon état ; évite le goitre
Manganèse	2,5-5,0 mg°	Fruits à écale, céréales complètes, légumes, fruits, café instantané, thé, cacao en poudre, betteraves, jaunes d'œufs	Indispensable à la croissance des os et à leur développement, à la reproduction des cellules et à leur bon fonctionnement
Molybdène	0,15-0,50 mg°	Pois, haricots, grains de céréales, abats, légumes vert foncé	Rôle important pour le bon fonctionnement des cellules
Selénium	0,05-0,20 mg° 125 g de poisson = 0,04 mg	Poisson, fruits de mer, viande rouge, jaunes d'œufs, poulet, ail	Aide la vitamine E à combattre l'oxydation des cellules
Zinc	15 mg° 2 tranches de pain complet = 2 mg	Huîtres, chair de crabe, bœuf, foie, œufs, volaille, levure de bière, pain complet.	Préserve l'acuité du goût et de l'odorat, favorise la croissance et le développement des organes sexuels ; rôle important dans la gestation et la cicatrisation des plaies

Dans un organisme sain, la plupart des sels minéraux sont présents en quantités excédant cinq grammes. Les traces de sels minéraux ou micro-minéraux existent en quantités beaucoup plus faibles bien qu'ils ne soient pas moins nécessaires à une bonne nutrition. On ne comprend pas très bien le rôle exact de tous les micro-minéraux, ce tableau donne seulement la liste de ceux dont le rôle a été identifié.

CHAPITRE DEUX

Les légumes

Savoureux, colorés, pauvres en calories, riches en vitamines et en sels minéraux

La plupart des légumes sont nutritivement riches. Cent grammes de brocolis cuits, par exemple, fournissent la moitié de vos besoins quotidiens en vitamine A sous la forme de bêta carotène (substance que l'organisme transforme en vitamine A), tous vos besoins en vitamine C et près de 10 % de la quantité de fer qui vous est nécessaire, tout cela pour un apport de 23 calories seulement. Une portion de 100 grammes de verdure printanière — 10 calories — répond plus que largement à vos besoins journaliers en vitamines A et C, à 20 % environ de vos besoins en calcium, à 10 % de vos besoins en fer et à un tiers de vos besoins en acide folique. Une petite portion de féculents tels que pommes de terre, courge et maïs contient moins de calories qu'une cuillerée à soupe de beurre. En outre, la plupart des légumes sont pauvres en sodium et en lipides mais riches en fibres (partie non digestible des végétaux).

Les légumes vous maintiennent en bonne santé de plusieurs manières. Une étude récente faite à l'université Johns Hopkins aux États-Unis montre qu'un taux élevé de bêta carotène dans le sang (produit que renferment pratiquement tous les légumes à feuilles jaunes et vertes) contribue à réduire les risques de certains cancers en protégeant les cellules et les tissus contre l'action de substances chimiques dangereuses appelées radicaux libres. Un régime comportant une ou plusieurs portions quotidiennes de crucifères dont font partie, par exemple, les choux, les brocolis, les choux de Bruxelles et les choux-fleurs, aide aussi à combattre le cancer. D'autres études tendent à montrer que quelques fibres végétales — lignines, pectines, gommes — semblent abaisser le taux de cholestérol sanguin, diminuant par la même occasion les risques d'artériosclérose et de certains cancers.

Le contenu nutritionnel des légumes dépend essentiellement de la partie de la plante dont il provient. Les feuilles, en général, contiennent un maximum d'eau et très peu de glucides. Cependant, elles fournissent une quantité appréciable de bêta carotène, de vitamine C et de riboflavine. Les feuilles vert foncé comme celles des épinards et de la verdure printanière contiennent davantage de bêta carotène que les feuilles pâles du chou chinois, par exemple. La couleur vert foncé est l'indice d'une haute teneur en calcium ; toutefois, comme certains légumes à feuilles vert foncé — tels que oseille, épinards et fanes de betterave — renferment de l'acide oxalique qui est un inhibiteur du calcium, vous ne devez pas forcément les considérer comme source principale de calcium.

Les fruits-légumes comme les tomates, les concombres, les poivrons constituent la partie pulpeuse renfermant les graines de la plante. Ils contiennent de grandes quantités de bêta carotène et de vitamine C. Leur peau comportant des fibres et protégeant les vitamines présentes dans la pulpe, il est préférable de ne pas peler ces légumes — ou tout autre légume — avant de les consommer. Si, dans une recette, on vous conseille de les éplucher, retirez le moins possible de peau et ceci juste avant de les faire cuire.

Racines, bulbes et tubercules tels que carottes, betteraves, pommes de terre contiennent moins d'eau, plus de glucides et plus de calories par portion que les autres légumes. On trouve dans les pommes de terre et les patates douces de bonnes quantités de vitamine C. Leur peau est riche en fibres. Les carottes et les patates douces ont un taux exceptionnel de bêta carotène. (Une patate douce de taille moyenne vous fournit cinq fois vos besoins quotidiens en vitamine A.) Plus sa couleur jaune est soutenue, plus la teneur en bêta carotène d'un légume est importante ; les légumes à chair blanche en contiennent peu.

Avant de cuire des légumes frais, lavez-les soigneusement à l'eau courante pour les débarrasser des impuretés, des insectes, des pesticides et des bactéries. Il faut laver rapidement dans l'évier, en changeant l'eau plusieurs fois, les légumes verts poussant dans une terre sablonneuse, comme les épinards (un trempage prolongé risque de détruire certains éléments nutritifs). Ne découpez pas les légumes frais trop longtemps avant la cuisson. L'air en détruit les vitamines C et A et la lumière en réduit le taux de riboflavine et de vitamine K.

Cuisez les légumes à la vapeur plutôt qu'à l'eau, jusqu'à ce qu'ils soient cuits à point mais encore croquants : ils garderont ainsi plus de goût, de vitamines et de sels minéraux. Utilisez un fait-tout à vapeur ou tout autre récipient muni d'un couvercle bien ajusté. Ne laissez pas les légumes au contact de l'eau bouillante ; espacez-les suffisamment pour que la vapeur circule bien.

Conseils d'achat et de stockage

◆ Les légumes jaunes ou vert foncé, petits et bien frais sont, en général, les plus savoureux et les plus nutritifs. Viennent ensuite les légumes frais, congelés et, en dernier ressort, les légumes en boîte qui perdent de leur goût, de leur consistance, de leur valeur nutritive pendant leur traitement à haute température. Les légumes de toute première qualité sont ceux que vous achetez en saison et, quand cela est possible, en provenance directe de la ferme.

◆ Au supermarché, achetez des produits non emballés que vous pouvez examiner. Les produits sous emballage peuvent être abîmés et de qualité médiocre. Faites attention à ce qu'un légume ne soit ni gâté ni flétri. Meurtris ou dans un état avancé, les légumes ont une teneur en vitamines moindre.

◆ N'achetez que la quantité qui vous est nécessaire pour quelques jours. Dès que les légumes ont été récoltés, leur sucre naturel se change en amidon et ils commencent à perdre leur douceur. On devrait conserver la plupart des légumes au réfrigérateur jusqu'au moment de les consommer. Coupez et jetez les fanes des carottes et des betteraves car elles pompent l'humidité des racines comestibles. Laissez les tomates mûrir à température ambiante avant de les placer au réfrigérateur. Mettez pommes de terre, patates douces et oignons dans un endroit ventilé, frais, sombre et sec.

◆ Vous pouvez congeler de nombreux légumes frais en préservant leurs éléments nutritifs. Si vous congelez vos légumes après cuisson, ils vont se ramollir, perdre de leur goût et de leurs qualités nutritives lorsque vous les réchaufferez. On peut garder au réfrigérateur des légumes cuits pendant environ cinq jours. Mettez-les dans des sacs en plastique ou dans des récipients hermétiquement clos.

Si vous faites bouillir vos légumes, utilisez aussi peu d'eau que possible car elle détruit certains éléments nutritifs. Pour garder un maximum de vitamine C, amenez l'eau à ébullition avant d'y plonger les légumes. Retirez-les de l'eau quand ils sont encore fermes, sinon ils risquent de ramollir. Vous pouvez utiliser l'eau de cuisson, contenant vitamines et sels minéraux, comme base de soupes ou de sauces.

Vous pouvez aussi faire sauter vos légumes dans un wok ou une poêle à fond épais en utilisant une ou deux cuillerées à soupe d'huile végétale ou d'huile d'olive. Coupez vos légumes en morceaux à peu près égaux pour qu'ils soient cuits en même temps. Avant de mettre les légumes à cuire, faites chauffer l'huile pour qu'elle soit très chaude mais non fumante. Ne mettez dedans qu'au dernier moment les légumes tendres comme les épinards et les bettes qui cuisent en une minute à peine.

S'il s'agit de surgelés, ne suivez pas à la lettre les indications portées sur l'emballage. Pour que les légumes restent fermes et conservent leur goût, essayez de réduire le temps de cuisson indiqué. Servez-les immédiatement, avant que leur teneur en vitamines diminue.

Les recettes qui sont présentées dans les pages suivantes constituent un large éventail dans la manière de cuire et de servir les légumes. Nombre d'entre elles apportent des idées pour bien se nourrir sans utiliser de viande et vous permettent de donner à vos repas un apport nutritionnel important mais relativement peu calorique.

TIAN DE LÉGUMES À LA CRÈME D'AIL

Des études récentes tendent à montrer que la consommation régulière d'oignons augmenterait le taux de «bon» cholestérol (HDL) dans le sang. Ce plat appétissant comporte 125 g d'oignons par portion.

CALORIES par portion	255
34 % de glucides	22 g
13 % de protéines	8 g
53 % de lipides	15 g
CALCIUM	175 mg
FER	3 mg
SODIUM	620 mg

1 tête d'ail

250 g d'aubergine, coupée en rondelles

250 g de tomates, en tranches

2 courgettes (125 g), coupées en tranches dans la longueur

250 g d'oignons, émincés

4 gros champignons, essuyés

175 g de courge, épluchée,

épépinée et coupée en tranches

1½ c. à c. de sel

Poivre noir

3 c. à c. de thym séché

½ c. à c. de moutarde de Dijon

90 g de fromage blanc maigre

1 c. à s. de crème aigre

1 c. à c. de persil, haché

Préchauffez le four à 220° (thermostat 7). Enveloppez la tête d'ail dans de l'aluminium et mettez-la au four pendant 20 mn. Dans un grand plat à gratin rectangulaire, placez d'abord, dans la grande diagonale et en les alternant, les tranches d'aubergine et de tomates. Arrangez ensuite, en forme d'éventail, aux deux bouts étroits du plat, les tranches de courgettes et d'oignon, toujours en les alternant. Disposez les champignons et la courge dans les espaces restants. Arrosez d'huile, salez, poivrez et saupoudrez de thym. Couvrez le plat d'une feuille d'aluminium et mettez au four de 45 à 50 mn.

Pour confectionner la sauce, séparez les gousses d'ail et pressez-les, au dessus d'un bol, pour en faire sortir la pulpe. Écrasez l'ail à la fourchette, ajoutez la moutarde, le fromage blanc, la crème et du poivre à votre goût. Saupoudrez de persil et servez avec le tian.   Pour 2 personnes

Plus sa couleur verte est foncée, plus la laitue contient de vitamines et de sels minéraux. Les petites feuilles de teinte claire du cœur sont plus tendres mais nutritivement moins intéressantes.

La laitue contient également du bêta carotène, que l'organisme transforme en vitamine A.

JUS DE TOMATE À L'ESTRAGON

Contrairement aux boissons sucrées du commerce, composées surtout d'eau et de sucre, cette boisson fournit des vitamines A et C ainsi que du potassium, un des sels minéraux essentiels à la production d'énergie.

8 tomates mûres de taille moyenne, pelées, épépinées et concassées (850 g)

Sel et poivre noir

17,5 cl de vinaigre balsamique ou autre vinaigre de vin rouge

1 c. à s. d'estragon frais finement haché

Mettez les tomates dans une grande casserole anti-adhésive et laissez cuire à feu doux 5 mn environ, ou le temps que les tomates commencent à se défaire et à rendre leur jus. Transférez-les dans un mixeur pour les réduire en purée; versez cette purée dans un pot, ajoutez sel, poivre et vinaigre. Placez au réfrigérateur. Ajoutez l'estragon juste avant de servir.   Pour 4 personnes

Note: l'estragon frais peut être remplacé par du basilic, de l'aneth ou du persil frais.

CALORIES par personne	40
79 % de glucides	10 g
14 % de protéines	2 g
7 % de lipides	0,4 g
CALCIUM	18 mg
FER	1 mg
SODIUM	296 mg

◁ *Tian de légumes à la crème d'ail*

RAVIOLIS AUX BETTES ET POMMES DE TERRE

Les bettes contiennent une quantité appréciable de calcium. En accompagnant ce plat de lait demi-écrémé, vous renforcez dans l'organisme l'assimilation du calcium provenant des légumes.

CALORIES par personne	480
61 % de glucides	74 g
17 % de protéines	21 g
22 % de lipides	12 g
CALCIUM	374 mg
FER	5 mg
SODIUM	512 mg

1 grosse pomme de terre (300 g)

250 g de feuilles de bettes ou d'épinards, finement hachées

15 g de beurre

125 g d'oignons, hachés

4 gros champignons, hachés

30 g de prosciutto, finement haché

$\frac{1}{4}$ de c. à c. de sel

$1\frac{1}{4}$ c. à c. de poivre noir, grossièrement moulu

300 g de pâte à raviolis chinois (wonton)

1 clou de girofle

1 petit oignon, coupé en deux

1 gousse d'ail, pelée et écrasée

35 cl de lait concentré écrémé

2 c. à s. de lait entier

1 tranche de pain blanc, sans croûte, émiettée

2 feuilles de laurier

4 c. à s. de noix grillées, hachés

3 c. à s. de persil frais, haché

Amenez à ébullition de l'eau dans une petite casserole, d'une part, et une grande casserole, d'autre part. Faites cuire la pomme de terre dans la petite casserole pendant 20 mn. Pendant ce temps, blanchissez les bettes dans la grande casserole 1 mn environ ; égouttez-les, rafraîchissez-les à l'eau froide et pressez-les pour retirer l'excédent d'humidité. Dans une grande poêle, faites fondre le beurre à feu moyen. Ajoutez oignons hachés et champignons, laissez cuire 3 mn, ou le temps que les oignons aient légèrement ramolli. Mettez les bettes, continuez la cuisson 5 mn environ. Ajoutez le prosciutto, le sel et $\frac{1}{4}$ de c. à c. de poivre. Mélangez. Lorsque la pomme de terre est cuite et suffisamment refroidie, pelez-la, écrasez-la et ajoutez-la aux bettes.

Étendez un torchon sur une plaque à four ; réservez. Avec un petit pinceau à pâtisserie, humectez d'eau les bords de chaque disque de pâte.

Posez sur chaque disque une c. à c. bien pleine de farce pomme de terre-bettes. Repliez la pâte par-dessus la farce et appuyez fortement pour bien souder (ci-contre). Faites 48 raviolis de cette manière. Posez-les au fur et à mesure sur la plaque, recouvrez d'un second torchon et enveloppez-les d'un film plastique. Réservez pendant la préparation de la sauce.

Pour cette sauce, mettez de l'eau à bouillir dans le fond d'un bain-marie. Piquez le clou de girofle dans l'une des moitiés d'oignon. Mettez ensuite les moitiés d'oignon, l'ail, le lait concentré et le lait entier, le pain et les feuilles de laurier dans la partie supérieure du bain-marie. Laissez cuire 20 mn. Retirez l'oignon, l'ail et le laurier. Versez le mélange dans un mixeur, réduisez en purée et réservez.

Mettez une grande casserole d'eau à bouillir. Trempez 12 raviolis à la fois dans l'eau bouillante, laissez cuire 5 mn environ, pour qu'ils restent « al dente ». Égouttez-les et répartissez-les sur quatre assiettes. Réchauffez rapidement la sauce et versez-la sur les raviolis. Saupoudrez de noix hachées, de persil et du reste de poivre noir.   Pour 4 personnes

Note : la pâte à wonton se présente comme de fins disques de pâte. On l'achète dans les épiceries chinoises et chez certains traiteurs.

Séparez les disques de pâte. Avec un petit pinceau à pâtisserie, humectez d'eau, au fur et à mesure, les bords de chacun des disques.

Mettez une cuillère à café bien pleine de farce pomme de terre-bettes sur une des faces humectées. N'en mettez pas trop, sinon le disque s'ouvrirait.

Rabattez le disque sur la farce et appuyez. Posez les raviolis sur une plaque couverte d'un torchon et recouvrez-les d'un second torchon.

POMMES DE TERRE AU FOUR FARCIES AUX ÉPINARDS

Ces pommes de terre cuites au four, farcies aux épinards, aux tomates et au fromage vous apporteront des fibres, du calcium et du potassium, ainsi que des vitamines A, B et C.

CALORIES par personne	290
71 % de glucides	54 g
15 % de protéines	11 g
14 % de lipides	5 g
CALCIUM	200 mg
FER	6 mg
SODIUM	960 mg

4 petites pommes de terre (600 g)
150 g d'épinards, tiges ôtées
$1\frac{1}{2}$ c. à c. de beurre
4 c. à s. de lait écrémé
125 g de tomate, hachée

2 ciboules, hachées
1 pincée de noix muscade râpée
$\frac{3}{4}$ de c. à c. de sel
$\frac{1}{2}$ c. à c. de poivre
1 c. à s. de gruyère râpé

Préchauffez le four à 230° (thermostat 8). Faites cuire les pommes de terre 1 h environ, ou jusqu'à ce qu'elles soient tendres. Pendant ce temps, cuisez les épinards à la vapeur 3 mn. Égouttez-les, pressez-les pour en retirer l'eau et hachez-les grossièrement ; réservez. Coupez les pommes de terre dans le sens de la longueur et recueillez la pulpe en laissant toutefois une épaisseur de 5 mm à l'intérieur de la peau. Écrasez la pulpe avec le beurre et le lait, puis ajoutez épinards, tomate, ciboules, muscade, sel et poivre. Mélangez bien. Farcissez les pommes de terre évidées de cette préparation et saupoudrez-les de gruyère. Remettez-les au four de 6 à 8 mn, ou le temps que la farce soit chaude et le fromage légèrement doré. Pour 2 personnes

SAUTÉ DE VERDURES PRINTANIÈRES, DE CHOU ET DE PATATES DOUCES

Dans ce plat principal, les verdures printanières sont l'une des meilleures sources de calcium.

CALORIES par personne	115
68 % de glucides	21 g
12 % de protéines	4 g
20 % de lipides	3 g
CALCIUM	180 mg
FER	1 mg
SODIUM	206 mg

500 g de verdures printanières, hachées
12,5 cl de fond de volaille non salé
2 c. à c. d'huile d'olive
1 petit oignon, finement haché
$\frac{1}{2}$ branche de céléri, finement coupée en dés
1 petite carotte, coupée en dés
1 grosse patate douce, en dés

$\frac{1}{8}$ de c. à c. de paillettes de piment écrasées
1 c. à s. de sucre
$\frac{1}{4}$ de c. à c. sel
$\frac{1}{4}$ de c. à c. de poivre
2 gousses d'ail, hachées
1 c. à c. de concentré de tomates
125 g de chou, émincé
$\frac{3}{4}$ de c. à c. de romarin frais, haché

Dans une grande poêle anti-adhésive, mélangez les verdures et le fond de volaille. Couvrez et laissez cuire à feu moyen 20 mn environ en remuant de temps en temps. Égouttez et transférez dans un bol. Réservez. Faites chauffer l'huile dans la même poêle, à feu moyen. Ajoutez oignon, céleri, carotte, patate douce et piment et laissez cuire 20 mn environ, en remuant de temps en temps, ou le temps que les légumes ramollissent et commencent à dorer. Ajoutez sucre, sel et poivre, et laissez cuire à nouveau 3 à 4 mn, jusqu'à ce que les légumes soient bien dorés. Mettez l'ail et le concentré de tomates, laissez cuire une minute de plus, pour développer le parfum de l'ail. Ajoutez le chou, le romarin et les verdures et faites cuire en remuant jusqu'à ce que le chou soit tendre et les verdures bien chaudes. Pour 4 personnes

Pommes de terre au four farcies aux épinards

COURGE AUX HARICOTS BLANCS

*La courge apporte ici une quantité importante de niacine, une vita-
mine B qui contribue au bon fonctionnement de la peau et des systèmes
nerveux et digestif.*

1½ c. à c. d'huile d'olive

175 g d'oignons, hachés

1 grosse gousse d'ail, écrasée

250 g de tomates, coupées en dés

150 g de poivrons verts, en dés

500 g de courge, coupée en cubes

¼ de c. à c. de sauge séchée

⅛ de c. à c. de poivre de
  la Jamaïque moulu

1 pincée de poivre de Cayenne

1 feuille de laurier

¼ de c. à c. de sel

6 c. à s. de fond de volaille
  non salé

100 g de haricots blancs, cuits ou
  en conserve, rincés et égouttés

Un trait de vinaigre

Dans une casserole à fond épais, faites chauffer l'huile à feu moyen. Ajoutez
l'oignon et la moitié de l'ail, faites-les revenir pendant 1 mn. Réduisez
légèrement le feu, couvrez et laissez cuire 5 mn, ou le temps que les oignons
soient tendres. Mettez les tomates et les poivrons et laissez cuire encore
2 mn. Ajoutez courge, sauge, poivre de la Jamaïque, poivre de Cayenne,
laurier, sel et fond de volaille. Laissez cuire à couvert et à feu moyen pendant
15 mn. Ajoutez les haricots et continuez la cuisson à découvert pendant 5 mn,
jusqu'à ce que la courge soit tendre sans être défaite. Faites réduire le liquide
à feu vif jusqu'à évaporation complète. Ajoutez le reste de l'ail et le vinaigre :
mélangez bien. Servez.   Pour 3 personnes

CALORIES par personne	160
71 % de glucides	31 g
13 % de protéines	6 g
16 % de lipides	3 g
CALCIUM	105 mg
FER	3 mg
SODIUM	200 mg

Poivrons farcis aux pâtes

POIVRONS FARCIS AUX PÂTES

Les poivrons sont très riches en vitamine C.

CALORIES par personne	460
68 % de glucides	80 g
13 % de protéines	15 g
19 % de lipides	10 g
CALCIUM	134 mg
FER	4 mg
SODIUM	579 mg

250 g de fettuccine

2 tranches fines de bacon

90 g d'oignons, hachés

2 poivrons doux

5 figues sèches, coupées en dés

1 c. à s. de parmesan râpé

30 g de fromage de chèvre

4 c. à s. de fond de volaille
    non salé

$\frac{1}{4}$ de c. à c. de sel

Poivre noir

Mettez de l'eau à bouillir dans une grande casserole. Faites cuire les fettuccine «al dente» en suivant les indications du fabricant; égouttez et réservez. Dans une petite poêle, faites frire le bacon à feu moyen pendant 7 mn, ou le temps qu'il soit croustillant. Posez-le sur du papier absorbant avant de l'émietter; réservez. Éliminez l'excédent de graisse de la poêle, laissez-en juste $\frac{1}{2}$ c. à c. Ajoutez l'oignon et 2 c. à c. d'eau, laissez-le fondre à couvert et à feu doux pendant 8 mn; ôtez la poêle du feu et réservez. Mettez une autre grande casserole d'eau à bouillir. Pendant ce temps, éliminez les graines des poivrons puis faites-les cuire à l'eau bouillante avec leur extrémité supérieure pendant 10 mn environ, ou le temps que les poivrons aient ramolli tout en gardant leur forme. Égouttez et laissez refroidir.

Préchauffez le four à 200° (thermostat 6). Mettez dans un bol: fettuccine, bacon, oignon, figues, parmesan, fromage de chèvre, fond de volaille, sel et poivre. Mélangez. Remplissez les poivrons de cette farce et recouvrez-les de leur «chapeau». Posez-les dans un plat à four et laissez cuire 12 mn, ou jusqu'à ce que l'intérieur soit chaud.

Pour 2 personnes

SOUPE AU POTIRON ET AUX CHÂTAIGNES

Les soupes maison à base d'ingrédients frais retiennent mieux les éléments nutritifs sensibles à la chaleur (telle la vitamine C) que les soupes en conserve. Les châtaignes, additif inhabituel de cette soupe, sont plus pauvres en lipides et en calories que la plupart des fruits à écale.

CALORIES par personne	380
69 % de glucides	67 g
10 % de protéines	10 g
21 % de lipides	9 g
CALCIUM	95 mg
FER	4 mg
SODIUM	547 mg

30 g de beurre

175 g d'oignons, hachés

2 gousses d'ail, pelées et écrasées

150 g de potiron cru, pelé et coupé en dés

250 g de châtaignes, décortiquées, pelées et partagées en deux

25 cl de fond de volaille non salé

3 filaments de safran

¼ de c. à c. de cannelle moulue

¼ de c. à c. de curcuma

200 g de haricots blancs, cuits ou en conserve, rincés et égouttés

100 g de maïs doux en grains

1 pincée de poivre de Cayenne

½ c. à c. de sel

¼ de c. à c. de poivre

Faites fondre le beurre à feu doux dans une grande casserole ou dans une cocotte à feu. Ajoutez oignon et ail et laissez cuire 8 mn à couvert, jusqu'à ce que l'oignon soit tendre. Ajoutez le potiron, les châtaignes, le fond de volaille, le safran, le curcuma et 17,5 cl d'eau. Poursuivez la cuisson, à couvert, 20 à 30 mn, ou jusqu'à ce que potiron et châtaignes soient tendres. Ajoutez les haricots et faites cuire à nouveau 10 mn, à découvert. Ajoutez enfin le maïs, le poivre de Cayenne, le sel et le poivre et laissez cuire encore 2 mn. Servez immédiatement.   Pour 4 personnes

PÂTES ET LÉGUMES AU BOUILLON ASSAISONNÉ AU MISO

Le bok choy, *que l'on peut remplacer par des bettes, est extrêmement riche en bêta carotène, transformé en vitamine A par l'organisme.*

CALORIES par personne	590
73 % de glucides	94 g
16 % de protéines	22 g
11 % de lipides	6 g
CALCIUM	301 mg
FER	8 mg
SODIUM	459 mg

25 cl de fond de volaille non salé
25 cl de saké (vin de riz japonais)
   ou de xérès sec
8 champignons, émincés
4 ciboules, hachées finement
6 brins de persil
60 g de gingembre frais, émincé
2 gousses d'ail, finement émincées
75 g de navet, coupé en julienne
1 grosse carotte, en julienne
½ *bok choy* de taille moyenne, ou
   une botte de bettes, tiges
   finement émincées et feuilles

coupées en chiffonnade
2 c. à c. de vinaigre de riz japonais
1 pincée de poivre de Cayenne
½ c. à c. d'huile de sésame
1 c. à s. de sauce soja peu salée
1½ c. à c. de miso
1 botte de cresson, tiges
   raccourcies à 1 cm
175 g de spaghetti, cuits et
   égouttés
1 c. à s. de graines de sésame
1 c. à s. de nori grillé, coupé en
   fines lanières

Dans une casserole, mélangez fond de volaille, saké ou xérès, champignons, ciboules, persil, gingembre, ail, plus 50 cl d'eau et portez à ébullition. Baissez le feu et laissez frémir le bouillon 30 mn. Filtrez le bouillon au-dessus d'un bol, et reversez-le dans la casserole (il ne doit en rester que 75 cl environ). Ajoutez navet, carotte, tiges, *bok choy* ou bettes, et laissez frémir 2 mn. Incorporez vinaigre, poivre de Cayenne, huile de sésame et sauce de soja. Transférez 12,5 cl du bouillon dans un petit bol, diluez-y le miso et remettez le mélange dans la casserole. Ajoutez les feuilles de *bok choy* ou de bettes, le cresson et les spaghetti, ôtez la casserole du feu et mélangez pour bien attendrir les légumes verts. Servez dans deux bols à soupe et saupoudrez de graines de sésame et de nori.   Pour 2 personnes

Note : le nori est une algue japonaise déshydratée, riche en calcium et en fer. Faites-la griller en la tenant avec des pincettes pendant 5 secondes au-dessus de la flamme, le temps qu'elle soit croustillante.

PENNE À LA SAUCE AUX POIVRONS ROUGES

Ce plat apporte une bonne quantité de glucides, de fer et de vitamine C.

2 gros poivrons rouges
125 g de haricots verts
175 g de penne ou autres pâtes
1 c. à s. d'huile d'olive
2 échalotes moyennes, hachées
2 gousses d'ail, écrasées
12,5 cl de vin blanc
12,5 cl de fond de volaille non salé

1 tomate moyenne, hachée
2 petits poireaux, lavés et coupés
   en tronçons de 5 mm
1 gros poivron jaune, en lanières
1 c. à c. de romarin frais, haché
½ c. à c. de sel
¼ de c. à c. de poivre noir
30 g de fromage de chèvre, émietté

Préchauffez le gril. Faites griller les poivrons rouges à 12,5 cm environ de la source de chaleur, en les retournant fréquemment, jusqu'à ce que la peau soit noircie. Mettez-les dans un sac en papier et laissez-les étuver 15 mn. Pendant ce temps, faites bouillir de l'eau dans une casserole de taille moyenne, d'une part, et dans une grande, d'autre part. Dans la plus petite, faites blanchir les haricots pendant 5 mn; égouttez-les et rafraîchissez-les. Faites cuire les pâtes «al dente» dans la seconde casserole; égouttez et réservez. Pelez, épépinez et hachez les poivrons rouges; réduisez-les en purée au mixeur.

Dans une grande poêle anti-adhésive, faites chauffer l'huile à feu moyen. Ajoutez les échalotes et l'ail, faites-les sauter 1 mn. Couvrez et laissez cuire à nouveau 4 mn. Versez le vin et le fond de volaille dans la poêle, amenez à frémissement et laissez cuire 3 mn, jusqu'à ce qu'il ne reste plus que 17,5 cl environ de liquide. Ajoutez tomate, poireaux et poivron jaune, et laissez frémir 3 mn afin de réduire le liquide à 12,5 cl. Incorporez les haricots, la purée de poivrons rouge, le romarin, le sel, le poivre et la moitié du fromage de chèvre. Laissez frémir 1 mn. Versez la sauce sur les pâtes, ajoutez le reste de fromage et mélangez bien. Pour 2 personnes

CALORIES par personne	540
73 % de glucides	101 g
12 % de protéines	16 g
15 % de lipides	9 g
CALCIUM	150 mg
FER	8 mg
SODIUM	602 mg

Penne à la sauce aux poivrons rouges

SALADE DE POMMES DE TERRE ET DE POIS CHICHES AUX ÉPICES

Riches en glucides composées, en vitamine C et en fibres, les pommes de terre sont, en outre, une excellente source de potassium.

CALORIES par personne	310
60 % de glucides	47 g
11 % de protéines	9 g
29 % de lipides	10 g
CALCIUM	93 mg
FER	4 mg
SODIUM	596 mg

1 filet d'anchois, égoutté

1 c. à s. d'huile d'olive

90 g d'oignons, hachés

2 gousses d'ail, hachées

2 c. à s. de vin blanc

3 c. à s. de fond de volaille non salé

2 c. à s. de vinaigre xérès ou de vinaigre de vin rouge

$\frac{1}{4}$ de c. à c. de sel

1 c. à c. de cumin moulu

$\frac{1}{4}$ de c. à c. de paprika

1 pincée de poivre de Cayenne

$\frac{1}{8}$ de c. à c. de clous de girofle

125 g de pois chiches en conserve

4 pommes de terre, bouillies et coupées en petits morceaux

1 gros poivron rouge, grillé, pelé et coupé en lanières de 5 mm

4 olives noires, énoyautés et coupées en deux

30 g de ciboules, hachées

1$\frac{1}{2}$ c. à s. de persil, haché

1$\frac{1}{2}$ c. à s. de coriandre, hachée

Dans une poêle de taille moyenne, mettez l'huile à chauffer avec l'anchois ; remuez avec une spatule, jusqu'à ce que l'anchois soit fondu et l'huile bien chaude. Ajoutez l'oignon et l'ail, laissez cuire 1 mn pour qu'ils soient enrobés d'huile ; continuez la cuisson à couvert 4 à 5 mn, ou le temps que l'oignon soit transparent. Ajoutez le vin et faites bouillir doucement jusqu'à ce que le liquide soit presque complètement évaporé. Mettez le fond de volaille, le vinaigre, le sel, le cumin, le paprika, le Cayenne et les clous de girofle.

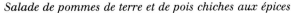

Salade de pommes de terre et de pois chiches aux épices

Laissez frémir 2 mn. Hors du feu, ajoutez pois chiches et pommes de terre, mélangez doucement. Incorporez enfin le poivron, les olives, les ciboules, le persil et la coriandre; mélangez à nouveau.　　　　Pour 2 personnes

SANDWICH À L'AUBERGINE GRILLÉE

Lorsqu'elle est frite, l'aubergine absorbe un maximum de graisse. Grillée au four et légèrement recouverte d'oignons, elle ne se dessèche pas à la cuisson et ne nécessite qu'une très petite quantité d'huile.

CALORIES par personne	200
54 % de glucides	28 g
13 % de protéines	7 g
33 % de lipides	8 g
CALCIUM	81 mg
FER	2 mg
SODIUM	165 mg

400 g de tomates olivettes, pelées, épépinées et hachées (400 g)

75 g de champignons, finement émincés

1 c. à s. de vinaigre balsamique ou autre vinaigre de vin rouge

$\frac{1}{4}$ de c. à c. de graines de fenouil

250 g d'aubergine, coupée en 8 tranches de 5 mm d'épaisseur

$\frac{1}{2}$ oignon rouge de taille moyenne, finement émincé

2 c. à s. d'huile d'olive

$\frac{1}{8}$ de c. à c. de sel

Poivre noir

1 muffin (petit pain rond et plat)

1 c. à s. de fontina d'Aoste, râpée

Pour faire la sauce, mélangez tomates, champignons, vinaigre et graines de fenouil dans une petite casserole anti-adhésive. Laissez cuire 10 mn, à couvert et à feu moyen, jusqu'à ce que les légumes aient rendu leur eau. Ôtez le couvercle et faites cuire encore 15 mn, jusqu'à ce que la sauce ait épaissi et soit réduite à 25 cl environ.

Pendant ce temps, préchauffez le four à 240° (thermostat 9). Mettez les tranches d'aubergine sur une plaque, recouvrez-les de l'oignon émincé et de 1 c. à c. d'huile. Saupoudrez de sel, ajoutez du poivre suivant votre goût, et faites cuire au four 4 mn. Enduisez à nouveau oignons et aubergines avec le reste de l'huile, et remettez au four 3 à 4 mn.

Préchauffez le gril. Coupez et toastez le muffin. Tartinez chaque moitié de muffin d'une partie de la sauce tomate et recouvrez chacune de quatre tranches d'aubergine à l'oignon. Nappez avec le reste de sauce et saupoudrez de fromage râpé. Faites griller les sandwiches 1 mn.　　　　Pour 2 personnes

POUDING AUX CAROTTES

Les carottes sont une excellente source de bêta carotène.

CALORIES par personne	230
81 % de glucides	48 g
7 % de protéines	4 g
12 % de lipides	3 g
CALCIUM	64 mg
FER	2 mg
SODIUM	89 mg

175 g de carottes, râpées

125 g de chapelure

2 c. à s. de raisins de Corinthe

$\frac{3}{4}$ de c. à c. de noix muscade, râpée

$\frac{1}{4}$ de c. à c. de clous de girofle, moulus

4 œufs de gros calibre

225 g de sucre brun

$\frac{1}{2}$ c. à c. d'extrait de vanille

Préchauffez le four à 170° (thermostat 3). Mettez dans un grand bol les carottes râpées, la chapelure, les raisins, la noix muscade et les clous de girofle. Mélangez bien. Dans un autre grand bol, battez les œufs et le sucre pendant 5 mn, jusqu'à ce que le mélange épaississe et devienne mousseux. Ajoutez l'extrait de vanille. Incorporez cette préparation au mélange précédent et versez le tout dans une cocotte de 1,5 litre. Mettez au four 35 mn, ou le temps que le pouding soit bien pris au milieu.　　　　Pour 8 personnes

CHAPITRE TROIS

Les céréales

Riches en glucides, fantastique source de fibres, faciles à préparer, elles s'adaptent à de nombreuses préparations

La raison pour laquelle les céréa-
les interviennent dans un régime sain est simple : elles sont la principale source de glucides complexes et fournissent de l'énergie sans apport excessif de calories grossissantes. Cent grammes de pâtes ou de riz cuits, par exemple, contiennent au moins 25 g de glucides complexes et sont exemptes de sucres simples. De plus, la plupart des céréales sont riches en vitamines B et en vitamine E, mais ne fournissent pas de vitamines B_{12}, A ou C. Peu raffinées, toutes les céréales sont riches en fibres.

Riz, maïs, blé, avoine, orge, millet et la plupart des autres céréales ont la même structure. L'intérieur consiste en un germe ou embryon, riche en protéines, entouré de l'endosperme, source concentrée de glucides complexes, de vitamines et de sels minéraux. L'ensemble forme la graine. Une couche de son riche en fibres enveloppe la graine, une cosse non comestible contient le tout ; on enlève cette cosse avant de commercialiser le produit.

Malheureusement, nous sommes nombreux à consommer les céréales dans leurs plus mauvaises conditions nutritionnelles. Il en est ainsi du riz blanc, des pains et des petits pains, des gâteaux, des pâtes, faits avec de la farine très raffinée, tout comme le sont les céréales parfois servies

45

PRÉPARATION DES CÉRÉALES

La liste ci-dessous indique temps et modes de cuisson des céréales employées dans les recettes de ce livre. Quel que soit le mode adopté, rappelez-vous que, une fois cuites, les céréales triplent ou quadruplent de volume à cause de l'eau qu'elles absorbent.

BOULGOUR (BLÉ ÉCLATÉ) : *laissez tremper à découvert 30 mn en utilisant 1 volume d'eau bouillante pour 2 volumes de boulgour, ou laissez frémir à couvert 40 mn en utilisant 2 volumes d'eau pour 1 volume de blé éclaté ; ou, encore, cuisez à la vapeur à couvert 1 heure.*

COUSCOUS : *laissez tremper à découvert 40 mn en utilisant 1 volume d'eau bouillante pour 2 volumes de couscous, ou bien, cuisez à la vapeur à couvert pendant 1 heure.*

KACHA (SARRASIN) : *laissez frémir à couvert 15 mn en utilisant $2^1/_2$ volumes d'eau pour 1 volume de kacha.*

ORGE : *faites bouillir à découvert 45 mn dans une grande quantité d'eau ou laissez frémir à couvert 45 mn en utilisant 2 volumes d'eau pour 1 volume d'orge.*

RIZ COMPLET : *laissez frémir à couvert 45 mn en utilisant 2 volumes d'eau pour 1 de riz.*

au petit déjeuner. Ces produits manquent à la fois de son et de germe qui disparaissent pratiquement au cours du processus de mouture (mais qui subsistent dans les produits à base de farine complète). La farine de blé blanche et raffinée, par exemple, perd jusqu'à 80 % des vitamines et des sels minéraux contenus dans le grain complet et ne garde que 7 % des fibres. Certaines vitamines sont parfois réintroduites, ce qui n'est le cas pour aucune fibre. D'autres céréales comme le riz et l'orge perdent également leurs éléments nutritionnels lorsqu'on les polit. Le riz complet que l'on traite pour en faire du riz blanc perd près de la moitié de sa riboflavine et un peu plus de la moitié de sa thiamine et de sa niacine.

Des études ont mis en évidence que les individus vivant dans des régions où les céréales non raffinées entrent pour beaucoup dans le régime alimentaire ont des pourcentages moins élevés de maladies intestinales que ceux qui vivent dans les régions industrialisées. On attribue ces résultats à la présence des fibres dans les céréales non raffinées. La constipation est directement liée au manque de fibres. Et des recherches ont montré qu'un régime riche en fibres solubles dans l'eau, présentes dans l'avoine, peut abaisser le taux de cholestérol dans le sang.

Sous leur forme comestible la moins raffinée, la cosse seule ôtée, les graines portent le nom de gruau. Lorsqu'elles sont écrasées, on dit qu'elles sont «éclatées». Exemples : le blé et le maïs éclatés, dont le germe est enlevé et que l'on baptise semoule. Certaines céréales, comme le blé éclaté, ou «boulgour», sont étuvées après avoir été éclatées. D'autres comme les flocons d'avoine sont passées à la vapeur puis écrasées au rouleau. Ce genre de raffinage préserve davantage les éléments nutritionnels que la transformation des céréales en farine blanchie.

Puisque nous consommons généralement plus de céréales sous forme de pain que sous d'autres formes, le meilleur moyen d'en tirer le maximum d'éléments nutritionnels est de remplacer le pain blanc par du pain au blé complet ou du pain à base d'avoine. Vous pouvez aussi, au petit déjeuner, remplacer les céréales raffinées par des flocons d'avoine, prendre du riz complet plutôt que du riz blanc, manger des céréales moins habituelles, telles que l'orge, le millet ou la kacha. Une autre façon de consommer plus de céréales complètes consiste à saupoudrer les céréales, les fruits, les yogourts de son et de germe de blé ou de riz. Vous pouvez aussi mélanger ces céréales à la pâte de certains gâteaux comme les «muffins» et les petits pains maison.

Pains et céréales du petit déjeuner sont les aliments à base de graines les plus courantes, mais leur haute teneur en glucides permet aux graines d'être la base de nombreux autres plats. Consommées seules, les céréales ne fournissent pas toutes les protéines dont vous avez besoin car il leur manque certains acides aminés. Dans un repas à base de céréales, il faut ajouter des légumineuses, des fruits à écale, des produits laitiers ou une petite quantité de viande contenant les acides aminés manquants. Si les ingrédients d'une recette ne suffisent pas à vous assurer ce supplément de protéines, ajoutez à votre repas un verre de lait, un peu de fromage, un yogourt ou toute autre source de protéines complètes.

Faire cuire vous-même les céréales est le meilleur moyen d'en tirer la meilleure valeur nutritive. Les céréales se prêtent à de multiples

Conseils d'achat et de stockage

◆ Achetez toujours vos céréales dans un magasin ayant un bon débit de marchandises. Les céréales complètes ont une meilleure valeur nutritive que les céréales hautement raffinées mais se conservent moins longtemps car les huiles qu'elles contiennent peuvent rancir. Refusez toutes les céréales ayant un aspect ou une odeur de poussière ou de marchandise passée.

◆ Si vous achetez du pain complet, vérifiez bien que le premier ingrédient mentionné sur l'emballage est le blé complet ou toute autre céréale complète. Ne vous laissez pas abuser par la couleur du pain ou sa marque. Un pain de couleur foncée peut très bien être fait à base de céréales raffinées, puis coloré par du caramel.

◆ La farine complète de blé la plus utilisée des céréales complètes et le riz complet devraient toujours être conservés au réfrigérateur où on peut les garder de six à huit mois. Farine et riz blancs se conservent indéfiniment dans un endroit frais et sec.

◆ Les produits autres que la farine au blé complet et le riz peuvent se conserver jusqu'à trois mois au réfrigérateur. Mais ils doivent être placés dans des récipients fermant hermétiquement pour éviter l'humidité. On peut conserver les céréales congelées de trois à six mois.

techniques de cuisson y compris la cuisson au four. Certaines gourmandises cuites au four comme les tortillas à base de maïs et les gâteaux à base de farine d'avoine utilisent des graines complètes. Mais la plupart des recettes habituelles de pain et de pâtes sont à base de farine blanche, raffinée. On peut, en général, lui substituer de la farine complète ou tout au moins faire un mélange des deux. Si vous utilisez de la farine raffinée, assurez-vous qu'elle n'a pas été blanchie.

Comme elles sont sèches, les céréales doivent être cuites à l'eau pour devenir moelleuses. On peut les faire bouillir, les étuver, les cuire à la vapeur ou les faire tremper, selon le résultat désiré. La cuisson à l'eau bouillante donne des grains gonflés et secs. Toutefois, pour que les grains restent bien détachés, faites bouillir l'eau à gros bouillons avant de les y plonger. La cuisson à la vapeur convient mieux aux céréales éclatées comme le millet, le blé et le boulgour. Mais il faut les cuire à découvert et les remuer souvent pour qu'elles ne s'agglutinent pas. Plongées dans l'eau bouillante, les céréales comme le blé éclaté et le boulgour prennent une consistance élastique. Quel que soit le mode de préparation, elles triplent ou quadruplent de volume en absorbant de l'eau.

Les temps de cuisson des céréales mentionnées dans ce chapitre figurent sur la page ci-contre. (En règle générale, moins les céréales sont raffinées, plus le temps de cuisson est long.) Les recettes qui suivent offrent un large éventail de préparations et devraient vous inciter à en consommer davantage. Les céréales peuvent et doivent être intégrées dans chaque repas, non seulement sous forme d'accompagnement ou de pain, mais aussi comme hors-d'œuvre, plats principaux ou desserts.

BOULGOUR AUX POMMES SÉCHÉES ET AU BACON

CALORIES par personne	205
61 % de glucides	31 g
13 % de protéines	7 g
26 % de lipides	6 g
CALCIUM	65 mg
FER	2 mg
SODIUM	464 mg

Le boulgour est un dérivé du blé; comme toutes les céréales, il manque de protéines complètes. Mélangé avec un produit d'origine animale, comme le bacon — qui renferme des protéines complètes —, il permet à votre organisme de profiter de tous les acides aminés contenus dans la céréale.

35 cl de jus de pomme	15 g de beurre
1 c. à c. de sel	25 cl de lait écrémé
150 g de boulgour	2 œufs
3 tranches de bacon entrelardé	60 g de pommes séchées, hachées

Versez dans une casserole le jus de pomme et 50 cl d'eau, portez à ébullition. Ajoutez le sel et versez doucement le boulgour. Baissez le feu, couvrez la casserole et laissez frémir 20 mn en remuant souvent.

   Préchauffez le four à 180° (thermostat 4). Faites frire le bacon jusqu'à ce qu'il soit croustillant. Émiettez-le et réservez. Ajoutez le beurre, le lait et les œufs au boulgour cuit, remuez bien. Mettez le bacon et les pommes. Versez le boulgour dans un plat à four peu profond de 22 cm environ, cuisez pendant 1 h 10, ou jusqu'à ce qu'il soit doré et commence à brunir.

Pour 6 personnes

Galettes de kacha et de pommes de terre

MUFFINS AU SEIGLE ET AUX POMMES

Quand vous achetez de la farine de seigle, choisissez la plus foncée possible. Moins elle est raffinée, plus elle contient d'éléments nutritionnels.

45 g de flocons de seigle
75 g de farine de seigle
75 g de farine ordinaire
60 g de farine complète de blé
$\frac{1}{2}$ c. à c. de sel
1 c. à s. de levure chimique
1 c. à c. de gingembre, moulu

$\frac{1}{2}$ c. à c. de cardamome, moulue
250 g de compote de pomme
1 gros œuf, légèrement battu
20 cl de lait écrémé
90 g de miel
3 c. à s. d'huile végétale
1 c. à c. de zeste de citron râpé

Préchauffez le four à 200° (thermostat 6). Graissez légèrement 12 moules à Yorkshire pudding. Passez au tamis sur une feuille de papier sulfurisé les ingrédients secs, tamisez une autre fois dans un bol. Dans un autre bol, mélangez la compote, l'œuf, le lait, le miel, l'huile et le zeste de citron. Versez ce mélange sur les ingrédients secs, mélangez. Répartissez la pâte entre les 12 moules, cuisez au four 20 mn environ, jusqu'à ce qu'un cure-dents enfoncé au cœur d'un muffin ressorte propre.   Pour 12 muffins

CALORIES par muffin	140
63 % de glucides	23 g
8 % de protéines	3 g
29 % de lipides	5 g
CALCIUM	84 mg
FER	1 mg
SODIUM	214 mg

GALETTES DE KACHA ET DE POMMES DE TERRE

Le gruau de sarrasin, connu aussi sous le nom de kacha, est une excellente source de glucides, pauvre en lipides et en calories.

75 g de gruau de sarrasin (kacha)
4 pommes de terre de taille moyenne, bouillies, pelées, écrasées (400 g environ)
15 g de beurre
$\frac{1}{2}$ c. à c. de sel
$\frac{1}{4}$ de c. à c. de poivre

$\frac{1}{2}$ c. à c. de graines de carvi
1 pomme Golden
2 c. à s. de jus de pomme
1 gros œuf, jaune et blanc séparés
2 c. à c. d'huile végétale
50 g environ de fromage blanc maigre

Dans une petite casserole, amenez à ébullition 15 cl d'eau. Ajoutez la kacha, couvrez et laissez frémir 15 mn, jusqu'à ce que le liquide soit absorbé. Dans un grand bol, mélangez la kacha, les pommes de terre, le beurre, le sel, le poivre et les graines de carvi. Remuez jusqu'à obtention d'un mélange homogène. Mettez-le au réfrigérateur 2 h environ, jusqu'à ce qu'il soit pris.

   Pendant ce temps, évidez la pomme, coupez-la en tranches fines. Dans une petite casserole, cuisez les tranches dans le jus de pomme, à couvert, et à feu moyen, de 3 à 5 mn, jusqu'à ce qu'elles soient tendres sans être molles; retirez du feu, réservez. Ajoutez le jaune d'œuf à la kacha, mélangez. Dans un grand bol, battez le blanc d'œuf au mixeur en neige ferme. Enveloppez-le dans le mélange à base de kacha. À feu moyen, chauffez la moitié de l'huile dans une poêle anti-adhésive. Utilisez la moitié de la kacha pour faire 4 galettes de 7,5 cm. Cuisez-les de chaque côté 4 mn environ jusqu'à ce qu'elles soient bien dorées. Mettez-les dans un plat couvert d'une feuille d'aluminium pour les garder au chaud. Faites 4 autres galettes de la même manière. Disposez les galettes sur 4 assiettes, garnissez de 2 c. à c. de fromage blanc et d'un quart des tranches de pommes.   Pour 4 personnes

CALORIES par personne	170
62 % de glucides	27 g
11 % de protéines	5 g
27 % de lipides	5 g
CALCIUM	35 mg
FER	1 mg
SODIUM	363 mg

SOUPE AUX LÉGUMES

Cette soupe légère est épaissie avec la farine de maïs. Grâce aux carottes et aux brocolis, elle contient une bonne quantité de vitamine A, et des protéines dues à la farine de maïs et au fromage.

2 c. à c. d'huile d'olive

275 g d'oignons, hachés

60 g de carotte, coupée en dés

150 g de poivron rouge, coupé en dés

90 g de céleri, coupé en dés

2 gousses d'ail, écrasées

90 g de courgettes, coupées en tranches fines

60 g de bouquets de brocolis

45 g de farine de maïs

30 g de ciboules, en tranches fines

2 c. à c. de coriandre, hachée

2 c. à s. de parmesan râpé

Dans une grande casserole, chauffez l'huile à feu moyen. Ajoutez oignon, carotte, poivron, céleri et ail, baissez le feu, cuisez 10 mn environ jusqu'à ce que les oignons soient tendres. Montez le feu et ajoutez 1,5 litre d'eau. Portez à ébullition, mettez alors les courgettes et les brocolis. Réduisez le feu, laissez frémir 7 mn environ, ou jusqu'à ce que les brocolis soient tendres. Augmentez le feu pour faire bouillir la soupe à gros bouillons. Versez doucement la farine de maïs, en fouettant constamment pendant 1 mn environ, le temps que la soupe épaississe. Retirez la casserole du feu et versez la soupe dans quatre bols. Saupoudrez chaque part de ciboule, de coriandre et de parmesan.

Pour 4 personnes

CALORIES par personne	125
62 % de glucides	20 g
13 % de protéines	4 g
25 % de lipides	4 g
CALCIUM	83 mg
FER	1 mg
SODIUM	78 mg

ROULEAUX DE BŒUF À L'ORGE, SAUCE TOMATE

On a constaté que la consommation d'orge réduit le taux de cholestérol.

90 g d'orge cuite
  (soit 45 g d'orge crue)
2 c. à s. de raisins secs
1½ c. à s. d'oignon, haché
1½ c. à c. d'ail, écrasé
1½ c. à c. de basilic frais haché ou
  ¼ de c. à c. de basilic séché
½ c. à c. de sel

4 tranches de 30 g de rond de
  tranche de bœuf, de 10 × 15 cm
1½ c. à c. d'huile d'olive
100 g de champignons émincés
400 g de tomates de conserve,
  hachées
¼ de c. à c. de poivre noir
1 c. à c. de persil frais haché

Dans une poêle anti-adhésive, mélangez l'orge, les raisins, l'oignon et le tiers de l'ail. Ajoutez 4 c. à s. d'eau et cuisez, à couvert, à feu moyen, en remuant de temps en temps, pendant 8 mn environ, jusqu'à ce que les oignons et les raisins soient tendres. Montez le feu, découvrez la poêle et continuez la cuisson, jusqu'à ce que tout le liquide soit évaporé. Ajoutez le basilic et ¼ de cuillerée à café de sel, remuez. Transférez ce mélange dans un grand bol, laissez refroidir.

Préchauffez le four à 180° (thermostat 4). Posez les tranches de bœuf à plat sur le plan de travail. Mettez sur chacune des tranches un peu du mélange à base d'orge, roulez-les, repliez-en les bords, maintenez les rouleaux fermés avec des cure-dents *(ci-dessous)*. Faites chauffer une poêle anti-adhésive à feu moyen, mettez-y les rouleaux 5 mn environ, jusqu'à ce qu'ils soient bien dorés de tous côtés. Retirez-les de la poêle, mettez-les dans un plat à four, petit et peu profond. Réservez.

Pour la sauce, chauffez l'huile dans la poêle à feu vif. Ajoutez les champignons en une seule couche, cuisez-les sans remuer jusqu'à ce que les bords soient dorés. Baissez le feu, ajoutez le restant d'ail, remuez 1 mn, jusqu'à ce que l'arôme de l'ail se développe. Ajoutez les tomates, remuez pour bien mélanger, puis montez le feu et faites bouillir la sauce 4 mn environ, jusqu'à ce qu'elle épaississe. Versez le poivre et le sel restants. Nappez les rouleaux de cette sauce. Recouvrez le plat d'une feuille d'aluminium, faites cuire 40 mn environ, jusqu'à ce que le bœuf soit tendre. Saupoudrez les rouleaux de persil et servez.

Pour 2 personnes

CALORIES par personne	415
53 % de glucides	57 g
17 % de protéines	18 g
30 % de lipides	14 g
CALCIUM	72 mg
FER	4 mg
SODIUM	826 mg

Si le boucher n'a pas aplati votre viande, tapez-la jusqu'à obtenir des tranches de 10 × 15 cm. Posez-les à plat, garnissez-les de quantités égales de farce.

Quand vous roulez les tranches, repliez les bords pour former des petits paquets bien serrés afin que la garniture intérieure ne s'échappe pas.

Lorsque chaque rouleau est préparé, fermez-le bien avec un cure-dents enfilé à l'horizontale et, si besoin est, avec un deuxième pour bien le maintenir.

PORRIDGE DE RIZ ET DE POIS CASSÉS, AUX ÉPICES INDIENNES

Dans ce plat d'accompagnement nourrissant, les protéines des pois cassés équilibrent celles du riz. Les pois cassés apportent aussi une quantité appréciable de fibres et de potassium.

CALORIES par personne	170
73 % de glucides	32 g
11 % de protéines	5 g
16 % de lipides	3 g
CALCIUM	28 mg
FER	2 mg
SODIUM	421 mg

60 g de pois cassés verts ou jaunes
90 g d'oignons, hachés
1 c. à c. d'huile végétale
185 g de riz basmati ou autre riz blanc long grain
$\frac{1}{2}$ c. à c. de sel
1$\frac{1}{4}$ c. à c. de cumin, moulu
1$\frac{1}{4}$ c. à c. de coriandre, moulue
$\frac{1}{4}$ de c. à c. de curcuma
$\frac{1}{8}$ de c. à c. de cardamome, moulue

$\frac{1}{4}$ de c. à c. de clous de girofle, moulus
1 bâton de cannelle
3 c. à s. de raisins secs
3 c. à s. de noix de cajou, hachées
2 c. à s. de noix de coco séchée, non sucrée
1 c. à s. de jus de citron
1 c. à c. de miel

Mettez les pois cassés dans un bol avec assez d'eau pour les recouvrir de 2,5 cm; laissez-les tremper au moins 4 heures ou, mieux, toute une nuit.

Égouttez les pois cassés. Dans une grande casserole, faites sauter les oignons dans l'huile à feu vif pendant 1 mn. Baissez le feu, couvrez la casserole, laissez cuire 4 mn. Ajoutez les pois, le riz, le sel, les épices et $\frac{1}{4}$ de litre d'eau, amenez le tout à ébullition. Baissez le feu, couvrez la casserole, laissez frémir 15 mn. Ajoutez les raisins, les noix de cajou, la tomate et la noix de coco, couvrez, laissez cuire 15 mn encore en ajoutant au besoin un peu d'eau. Juste avant de servir, versez dans le mélange le jus de citron et le miel.   Pour 8 personnes

COUSCOUS AUX COQUES ET AU CURRY

Les protéines complètes des coques aident votre organisme à assimiler les protéines incomplètes du couscous.

2 c. à s. d'huile d'olive
45 g d'oignon, haché
1 c. à c. d'ail écrasé
$\frac{1}{2}$ c. à c. de poudre de curry
1 pincée de thym séché
1 pincée de paillettes de piment rouge
60 g de tomates de conserve,

égouttées et concassées
2 c. à s. de coques hachées
175 g de couscous cuit et refroidi (soit 125 g de couscous cru)
$\frac{1}{8}$ de c. à c. de sel
$\frac{1}{4}$ de c. à c. de poivre noir
1 c. à c. de coriandre fraîche hachée (facultatif)

Chauffez l'huile dans une grande poêle sur feu moyen. Ajoutez l'oignon, baissez le feu et laissez cuire 7 mn environ, jusqu'à ce que l'oignon soit tendre. Ajoutez l'ail et la poudre de curry et poursuivez la cuisson 2 mn, en remuant de temps en temps. Mettez le thym et le piment, montez le feu et ajoutez les tomates et les coques. Faites cuire en remuant 1 mn environ, puis mettez le couscous, continuez la cuisson, toujours en tournant, 2 mn environ, jusqu'à ce que tout soit bien chaud. Salez, poivrez, saupoudrez éventuellement de coriandre.   Pour 4 personnes

CALORIES par personne	250
56 % de glucides	30 g
14 % de protéines	7 g
30 % de lipides	7 g
CALCIUM	13 mg
FER	traces
SODIUM	100 mg

Sauté d'orge et de légumes

SAUTÉ D'ORGE ET DE LÉGUMES

Utilisez si possible de l'orge non mondé, qui contient plus de protéines, de fibres et de vitamines B que l'orge perlé.

1 c. à c. d'huile d'olive	90 g d'orge cuite	
60 g de carotte, coupée en dés	(soit 45 g d'orge crue)	
90 g d'oignons, coupés en dés	Sel et poivre	
30 g de champignons, émincés	2 c. à c. de persil frais, haché	

CALORIES par personne	100
67 % de glucides	17 g
10 % de protéines	3 g
23 % de lipides	3 g
CALCIUM	29 mg
FER	1 mg
SODIUM	288 mg

Dans un poêle de taille moyenne, chauffez l'huile à feu doux. Ajoutez carotte, oignons et champignons, couvrez, faites cuire 15 mn, jusqu'à ce que la carotte soit tendre et l'oignon bien doré. Ajoutez l'orge, remuez rapidement le mélange en amenant à feu vif. Ajoutez 1 c. à s. d'eau, poursuivez la cuisson en mélangeant bien pour que rien n'attache. Salez, poivrez, saupoudrez de persil et servez. Pour 2 personnes

RIZ COMPLET, RECETTE DE BASE

Le riz complet est la seule sorte de riz qui garde sa vitamine E naturelle et une quantité de fibres importante. Le décorticage qui donnera le riz blanc élimine ces éléments ainsi que les vitamines B. Le riz complet à grains ronds est vendu dans les magasins de régime. Il a une agréable consistance élastique et convient bien aux recettes qui suivent.

2 c. à c. d'huile végétale | ½ c. à c. de sel
300 g de riz complet à grains ronds

CALORIES pour 75 g	135
80 % de glucides	27 g
8 % de protéines	3 g
12 % de lipides	2 g
CALCIUM	12 mg
FER	1 mg
SODIUM	140 mg

Chauffez l'huile dans une casserole épaisse de taille moyenne munie d'un couvercle bien ajusté. Mettez le riz et enrobez-le d'huile en remuant, 2 mn environ. Ajoutez le sel et 75 cl d'eau, amenez à ébullition à feu vif. Poursuivez la cuisson à feu doux, à couvert, pendant 35 mn. Éteignez le feu, laissez le riz étuver, à couvert, pendant 15 mn encore. Pour 600 grammes

RISOTTO DE RIZ COMPLET AUX CHAMPIGNONS SÉCHÉS

Des recherches ont montré qu'un régime riche en glucides non raffinés, tel le riz complet, diminue les risques de maladies cardio-vasculaires.

45 g de champignons séchés | ⅛ de c. à c. de filaments
2 c. à c. d'huile d'olive | de safran
175 g d'oignons, hachés | 6 c. à s. de vin blanc
1 gousse d'ail, écrasée | 45 g de parmesan, râpé
300 g de riz complet à grains | 4 c. à s. de persil frais, haché
   ronds, cru | ½ c. à c. de poivre noir

CALORIES par personne	515
68 % de glucides	88 g
13 % de protéines	17 g
19 % de lipides	11 g
CALCIUM	326 mg
FER	4 mg
SODIUM	370 mg

Mettez les champignons dans un petit bol et versez dessus 12,5 cl d'eau bouillante; laissez tremper. Pendant ce temps, dans une casserole épaisse munie d'un couvercle bien ajusté, chauffez l'huile à feu moyen. Ajoutez l'oignon et l'ail, faites sauter 3 mn environ jusqu'à ce qu'ils deviennent translucides. Versez le riz et le safran, faites sauter 2 mn en remuant souvent. Ajoutez le vin, poursuivez la cuisson 2 mn jusqu'à ce que le liquide soit presque complètement évaporé. Ajoutez 90 cl d'eau et portez à ébullition.

   Réservez le liquide de trempage des champignons, rincez ceux-ci à l'eau courante pour éliminer toutes les impuretés. Hachez grossièrement les champignons et ajoutez-les au riz. Décantez soigneusement l'eau de trempage des champignons et versez-en 4 c. à s. dans la casserole. Baissez le feu au maximum, couvrez la casserole, laissez frémir le riz 45 mn, jusqu'à ce qu'il soit tendre. Découvrez alors la casserole, commencez par verser 12,5 cl d'eau, faites cuire en remuant, jusqu'à ce que l'eau soit absorbée avant d'en rajouter. L'absorption de l'eau entre chaque addition prend 1 mn environ. Ajoutez en tout 50 cl de liquide: le riz doit être crémeux sans devenir une bouillie. Mélangez le parmesan, le persil et le poivre et servez.

Pour 3 personnes

Note: dans cette recette, vous pouvez utiliser des cèpes séchés.

ROULEAUX DE SUSHI AU RIZ COMPLET

Le riz complet et le tofu sont tous deux de bonnes sources de fer.

CALORIES par personne	390
66 % de glucides	66 g
11 % de protéines	11 g
23 % de lipides	10 g
CALCIUM	135 g
FER	4 mg
SODIUM	732 mg

1 c. à s. plus 2 c. à c. de vinaigre de riz japonais

1 c. à s. de sucre

$\frac{1}{4}$ de c. à c. de sel

250 g de riz complet à grains ronds, cuit, et refroidi à température ambiante (soit 150 g de riz cru)

$1\frac{1}{4}$ c. à c. d'huile de sésame

1 c. à s. plus 1 c. à c. de sauce de soja, peu salée

$\frac{1}{2}$ c. à c. de xérès

$\frac{1}{4}$ de c. à c. de gingembre frais râpé

100 g de tofu bien ferme, coupé en lanières de 1 × 8 cm

$\frac{1}{4}$ de c. à c. de zeste d'orange, râpé

2 feuilles de 18 × 20 cm de nori (algue japonaise séchée)

10 feuilles de basilic frais

$\frac{1}{4}$ de poivron rouge, coupé en lanières de 5 mm de large

1 ciboule, coupée en julienne

$\frac{1}{4}$ d'avocat, pelé, coupé en tranches de 1 cm d'épaisseur

1 carotte, coupée en julienne

Dans une petite casserole, chauffez le vinaigre, le sucre et le sel jusqu'à ce que le sucre soit dissous. Mettez le riz dans un bol, battez-le légèrement avec le mélange vinaigré et 1 c. à c. d'huile de sésame. Dans un petit bol, mélangez l'huile restante, 1 c. à c. de sauce de soja, le xérès et le gingembre râpé. Ajoutez le tofu, mélangez bien, réservez. Par ailleurs, dans un autre petit

Rouleaux de sushi au riz complet

bol, mélangez le zeste d'orange et le reste de sauce de soja; mettez de côté.

Mettez une des feuilles de nori sur un torchon propre, côté brillant en dessous, la partie la plus étroite vers vous. Étalez bien régulièrement la moitié du riz sur le nori, en laissant une marge de 1 cm en haut et en bas de la feuille. Utilisez la moitié des ingrédients pour recouvrir le riz de la manière suivante : à un tiers environ du haut de la feuille, mettez une rangée de feuilles de basilic, puis les lanières de tofu horizontalement par-dessus le basilic. Disposez les lanières de poivron rouge horizontalement au-dessous du tofu puis, en dessous du poivron, les tranches de ciboules, d'avocat et de carotte. Attrapez le bord du torchon et de la feuille de nori les plus proches de vous, commencez à les rouler serré vers le haut, en maintenant avec les doigts les ingrédients contenus dans la feuille de nori. Quand les deux bords de la feuille se rejoignent, détachez le torchon pour qu'il ne se prenne pas dans le rouleau ainsi formé. Serrez-le doucement ; les deux bords de la feuille de nori doivent bien adhérer. Sinon, mouillez-les légèrement. Retirez le torchon avec précaution, posez le rouleau sur une planche à découper, coupez-le en huit tronçons. Façonnez le deuxième rouleau.

Pour 2 personnes

Note : si le riz a été mis au réfrigérateur, il aura perdu de sa viscosité. Mettez-le alors dans une petite casserole avec 12,5 cl d'eau. Amenez à frémissement, couvrez bien la casserole, baissez le feu et laissez étuver 5 mn. Laissez-le refroidir légèrement.

POUDING DE RIZ COMPLET

Des recherches faites aux États-Unis montrent que les femmes ayant une grande activité physique ont des besoins accrus en riboflavine, vitamine B indispensable aux cellules pour libérer de l'énergie. Ce pouding fournit une quantité importante de riboflavine.

4 œufs de gros calibre	150 g de riz cru)
45 cl de lait écrémé	½ gousse de vanille, fendue
45 cl de lait condensé, écrémé	4 c. à s. de gingembre confit
4 c. à s. de lait écrémé en poudre	¾ de c. à c. de zeste de citron râpé
150 g de sirop d'érable	⅛ de c. à c. de cannelle râpée
250 g de riz complet, cuit (soit	⅛ de c. à c. de noix muscade râpée

Préchauffez le four à 180° (thermostat 4). Huilez un plat à four d'une contenance de 2 litres. Mettez à bouillir une grande casserole d'eau. Pendant ce temps, mélangez dans un grand bol les œufs, les deux sortes de lait et le sirop d'érable. Ajoutez le riz, la vanille, le gingembre haché et le zeste de citron. Versez le mélange dans le plat à four, mettez le plat dans la lèchefrite et versez suffisamment d'eau dans la lèchefrite pour que le plat y baigne à moitié. Cuisez le pouding 50 mn, jusqu'à ce que le mélange crémeux ait pris. Saupoudrez le pouding de cannelle et de noix muscade, laissez tiédir. Avant de servir, remuez le pouding pour bien homogénéiser le tout. Ôtez et jetez la gousse de vanille.

Pour 6 personnes

SOUFFLÉ DE BOULGOUR AUX FIGUES

Les produits raffinés à base de blé sont pauvres en fibres, zinc et cuivre — éléments contenus dans les céréales moins raffinées tel le boulgour.

6 figues sèches, coupées en 2	de boulgour cru)
25 cl de jus d'orange pressée	1 c. à c. de zeste d'orange, râpé
1 bâton de cannelle	3 blancs d'œufs
175 g de boulgour, cuit (soit 60 g	2 c. à s. de fromage blanc maigre

Graissez légèrement 4 ramequins de 17,5 cl allant au four ; réservez. Dans une casserole en matériau neutre de taille moyenne, mélangez les figues, le jus d'orange, le bâton de cannelle et 12,5 cl d'eau. Laissez frémir à feu doux 20 mn, ou jusqu'à ce que les figues soient tendres.

Préchauffez le four à 200° (thermostat 6). Transférez, à l'aide d'une écumoire, les figues cuites dans un mixeur ; réservez le liquide de pochage. Ajoutez le boulgour aux figues et mixez 1 mn pour réduire les figues en purée. Versez ce mélange dans un bol de taille moyenne et laissez refroidir légèrement. Faites réduire à feu vif le liquide de pochage 4 mn environ, pour qu'il n'en reste que 6 c. à s. Ôtez le bâton de cannelle. Versez le liquide dans le mélange boulgour-figues, ajoutez le zeste d'orange ; laissez refroidir.

Pendant ce temps, dans un grand bol, battez les blancs d'œufs en neige ferme. Incorporez un tiers des blancs à la préparation pour l'alléger, puis le reste avec précaution. Répartissez ce mélange dans les ramequins, faites cuire au milieu du four 13 mn, ou jusqu'à ce que le dessus des soufflés soit gonflé et forme une croûte dorée. Garnissez chaque soufflé de 1½ c. à c. de fromage blanc, et servez immédiatement.

Pour 4 personnes

CALORIES par personne	330
69 % de glucides	57 g
18 % de protéines	15 g
13 % de lipides	5 g
CALCIUM	418 mg
FER	4 mg
SODIUM	193 mg

E n dépit de leur réputation, la plupart des tablettes de müesli ne sont guère meilleures pour vous que les tablettes de chocolat courantes. Les tablettes de müesli contiennent habituellement autant de lipides saturés qu'un bon morceau de beurre, et elles tirent souvent plus de 70 % de leurs calories du sucre et des graisses. Les petites quantités de flocons d'avoine et de noix que comporte une tablette de müesli n'ont qu'un léger avantage nutritionnel sur les tablettes de chocolat.

CALORIES par personne	140
77 % de glucides	29 g
13 % de protéines	5 g
10 % de lipides	2 g
CALCIUM	42 mg
FER	1 mg
SODIUM	44 mg

TARTE AUX POMMES RENVERSÉE

Bien que ce dessert contienne des graisses saturées dues au beurre, la plupart des graisses proviennent de l'huile de maïs essentiellement non saturée.

1 c. à c. de beurre

3 c. à s. de sucre en poudre

1 grosse pomme Granny Smith, évidée, coupée en tranches

½ c. à c. de cannelle moulue

1 pincée de noix muscade, râpée

60 g de farine de maïs

¾ de c. à c. de levure chimique

⅛ de c. à c. de bicarbonate de soude

2 c. à s. de fromage blanc maigre

1 œuf

½ c. à s. d'huile de maïs

CALORIES par personne	115
66 % de glucides	20 g
7 % de protéines	2 g
27 % de lipides	4 g
CALCIUM	35 mg
FER	1 mg
SODIUM	83 mg

Préchauffez le four à 200° (thermostat 6). Dans un plat à four peu profond de 25 cm de diamètre, faites fondre le beurre à feu moyen. Ajoutez deux cuillères à soupe de sucre et laissez cuire 30 s. Ajoutez 1 c. à s. d'eau. Disposez les tranches de pomme en rond dans le plat, en les faisant se chevaucher si besoin est. Montez le feu et laissez cuire 3 mn à feu vif, jusqu'à ce que le bord des pommes soit bien caramélisé. Retirez du feu.

Dans un bol de taille moyenne, mélangez tous les ingrédients secs sans oublier la cuillère à soupe de sucre restant; réservez. Dans un petit bol, mélangez le fromage blanc avec 2 c. à s. d'eau. Ajoutez l'œuf et battez légèrement à la fourchette, puis mettez les ingrédients secs ainsi que l'huile. Mélangez rapidement à la spatule, sans insister. Versez la pâte sur les pommes et enfournez sur une grille dans le haut du four, 8 à 10 mn, ou jusqu'à ce que la pâte soit cuite. Retirez le plat du four, remettez-le un instant sur feu vif, en secouant légèrement, pour détacher la tarte, puis renversez-la avec précaution sur un plat de service.   Pour 6 personnes

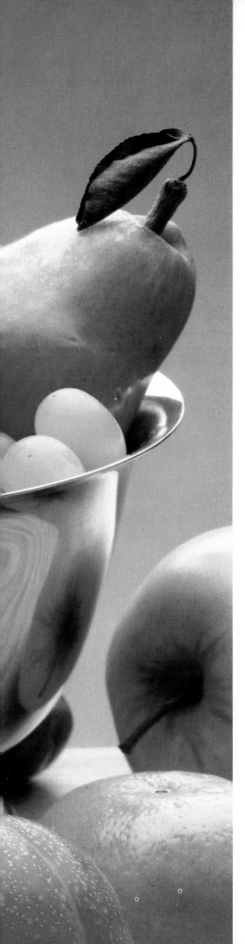

CHAPITRE QUATRE

Les fruits

*Sucrés, pauvres en calories
et riches en vitamine C*

Le principal attrait de nombre de fruits est leur goût sucré. C'est grâce à l'eau qu'ils contiennent — de 80 à 95 % pour la plupart — que leur niveau calorique reste faible, qu'ils sont juteux et rafraîchissants. De plus, comme ils renferment beaucoup de fibres, les fruits apportent du volume à votre régime. Hormis l'eau et des fibres, les fruits fournissent du fructose (sucre naturel), des amidons (glucides complexes), une très petite quantité de protéines et une gamme salutaire de vitamines et de sels minéraux. Avocats, olives et noix de coco exceptés, les fruits ne contiennent généralement que des traces de lipides et pas du tout de cholestérol qui obstrue les artères. Les fruits crus consommés à la fin d'un repas ou comme en-cas sont nourrissants et pauvres en calories, contrairement à la plupart des gourmandises cuites au four, riches en graisses saturées et en sucre raffiné.

Dans l'ensemble, les fruits et les légumes fournissent pratiquement toute la vitamine C de nos régimes. La vitamine C, ou acide ascorbique, est indispensable au bon état des vaisseaux sanguins, des capillaires, des dents et des gencives. Elle aide aussi l'organisme à assimiler le fer. De

61

plus, comme cette vitamine est source de collagène, base des tissus conjonctifs, elle contribue à cicatriser les coupures et les brûlures.

Les agrumes — oranges, pamplemousses, citrons verts et jaunes, mandarines et clémentines — sont, en toutes saisons, les sources les plus fiables de vitamine C. Une simple orange comble largement vos besoins quotidiens de cette vitamine — 30 mg. Cent grammes de fraises fournissent également la quantité nécessaire de vitamine C et autant de fibres qu'une tranche de pain complet, mais 26 calories seulement. Les fruits exotiques tels que papayes, kiwis et goyaves sont, eux aussi, riches en vitamine C.

Certains fruits apportent également le bêta carotène, que l'organisme transforme en vitamine A. Cette vitamine entretient l'acuité visuelle, aide à fabriquer et à garder une peau saine ; elle est bonne pour la gorge, les poumons, le système urinaire. Certaines études ont montré que le bêta carotène peut aussi prévenir certaines formes de cancer. Les fruits jaunes et orange tels que abricots, pêches, mangues, melons, semblent être les plus riches en bêta carotène. Un demi-melon charentais, par exemple, avec 60 calories seulement, fournit plus que vos besoins quotidiens en vitamine A alors qu'un melon d'Espagne en fournit moins de 2 %. (Le charentais apporte aussi la ration quotidienne nécessaire de vitamine C.)

L'un des plus importants sels minéraux présents dans les fruits est le potassium, indispensable à une tension artérielle normale, à la régularité des battements du cœur et à la contraction musculaire. Bananes, poires pêches et oranges comptent parmi les meilleures sources de potassium. Les fruits fournissent aussi du fer (mûres, framboises, fraises, abricots secs, pruneaux, dattes et figues) et même de petites quantités de calcium (dattes, figues et oranges).

Les fruits crus, frais, sont, en général, plus nutritifs que les fruits surgelés ou en conserve. La plupart des fruits frais ne perdent qu'un minimum de vitamine C, de bêta carotène et autres éléments nutritifs pendant leur stockage. Alors que les légumes peuvent perdre 25 % de leur vitamine C après une journée au réfrigérateur, les fruits gardent cette vitamine intacte de 7 à 10 semaines. Cependant, exposés à l'air, ils perdent leur vitamine C. Les fruits retiennent mieux cette vitamine s'ils sont conservés entiers que coupés en tranches, cuits ou réduits en purée.

La peau joue un rôle primordial en apportant des éléments nutritifs et en préservant ceux que le fruit renferme. En pelant une pomme, vous abaissez de 25 % son taux déjà modeste de vitamine C. Si, dans une recette, on vous demande de peler un fruit, retirez le moins possible de peau pour minimiser la perte en éléments nutritifs, et ne le faites qu'au dernier moment. Pour les mêmes raisons, ne coupez pas les fruits trop fins. Plus les tranches ou les morceaux sont petits et fins, plus la surface exposée à l'oxydation, qui détruit les vitamines, est étendue.

Boire des jus de fruits achetés ou faits maison est une autre manière d'inclure les fruits dans votre régime. Leurs vitamines et leurs sels minéraux sont meilleurs pour la santé que le sucre, l'eau, les conservateurs et les arômes artificiels des boissons sucrées. Le jus de citron frais pressé ou fait à partir de concentré surgelé garde sa teneur en vitamine C pendant une semaine s'il est conservé au réfrigérateur. Les jus de

Conseils d'achat et de stockage

◆ Pour être bons, les fruits n'ont pas besoin d'être impeccables extérieurement. Certains agrumes parfaitement comestibles sont parfois tachés ou portent des marques. Mais, en règle générale, vous devez rechercher des fruits relativement exempts de défaut et écarter ceux qui ont été visiblement endommagés par des insectes, ou qui sont trop mûrs, flétris ou tapés. Achetez plutôt des fruits sur le point d'être mûrs que des fruits encore verts. Ils doivent être fermes sans être durs et dégager un léger parfum sucré. Si cela est possible, achetez vos fruits en saison, quand ils sont au summum de leur qualité.

◆ Vous devez acheter les baies déjà mûres et bonnes à consommer immédiatement. Les myrtilles peuvent se garder deux semaines au réfrigérateur dans un récipient couvert. Laissez intacte la collerette des fraises jusqu'au moment de les servir: elle préserve leur teneur en vitamine C. Quant aux framboises, elles sont meilleures mangées dans les 24 heures qui suivent leur maturation.

◆ Choisissez les pamplemousses les plus lourds et les plus lisses. La teneur en vitamine C de tous les pamplemousses augmente avec leur maturité, mais les pamplemousses roses contiennent plus de bêta carotène que les jaunes. Les oranges doivent être lourdes et fermes. Les oranges un peu molles, spongieuses, sont rarement juteuses. Les pamplemousses et les oranges se maintiennent en bon état plus longtemps s'ils sont gardés au réfrigérateur.

◆ Il est généralement préférable d'acheter des bananes encore légèrement vertes et de les laisser mûrir à température ambiante. Vous pouvez accélérer leur maturation en les enveloppant dans un sac en papier. Lorsqu'elles sont mûres, gardez-les au réfrigérateur.

pomme, de raisin, d'ananas et de pruneau ne contiennent que très peu de vitamine C à moins qu'on n'en ait renforcé la teneur. Malgré tout, on sait que la vitamine C se détériore plus rapidement dans ces sortes de jus de fruits que dans les jus d'orange ou de pamplemousse.

Les fruits secs — pommes, abricots, dattes, figues, pêches, pruneaux et raisins — contiennent plus de calories que le même poids de fruits frais, car le procédé de séchage diminue la quantité d'eau d'environ 75 %, ce qui augmente leur densité calorique. Si vous surveillez votre poids, évitez de picorer trop souvent des fruits secs entre les repas : sachez qu'ils sont tout de même plus riches en éléments nutritifs divers — particulièrement en potassium, en fer et en fibres — que beaucoup d'autres en-cas. Le soufrage, souvent utilisé au cours de la dessiccation des fruits pour en préserver les couleurs, aide aussi à conserver les vitamines A et C. Les personnes allergiques au soufre ou ennemies des agents de conservation peuvent trouver, dans les magasins de produits diététiques, des fruits secs sans conservateurs. On peut aussi faire sécher ses fruits soi-même.

Le recours aux fruits pour sucrer légèrement certains plats est l'un des meilleurs moyens d'éliminer de votre régime les aliments riches en graisses et en sucre, tout en augmentant votre prise de vitamines et de sels minéraux. Dans les recettes suivantes, des fruits sont mélangés à toutes sortes de plats. Au fur et à mesure que votre palais s'habituera à plus de fruits et à moins de sucre raffiné, il vous sera plus facile de réduire la quantité de sucre dans votre régime.

CRÊPES DE FARINE DE MAÏS AUX MYRTILLES

Les myrtilles fraîches sont très riche en vitamine C. L'adjonction de ces baies aux crêpes de maïs vous assure un bon apport de fibres.

185 g de farine ordinaire	2 œufs, jaunes et blancs séparés,
125 g de farine de maïs	plus 1 blanc
1½ c. à c. de bicarbonate de soude	3 c. à s. de sucre roux
1 c. à c. de levure chimique	300 g de myrtilles, fraîches ou
1 pincée de sel	surgelées
55 cl de babeurre	1 c. à s. d'huile végétale

Mélangez dans une petite terrine farine ordinaire, farine de maïs, bicarbonate, levure et sel ; réservez. Dans une grande terrine, fouettez énergiquement le babeurre avec les jaunes d'œufs et le sucre ; réservez. Avec un fouet électrique, battez dans une autre terrine les blancs d'œufs en neige ferme. Versez les ingrédients secs dans la préparation de babeurre, mélangez jusqu'à ce que la pâte soit bien homogène, puis incorporez les blancs d'œufs. Ajoutez les myrtilles. Mettez ½ c. à c. d'huile dans une grande poêle anti-adhésive et faites chauffer à feu moyen. Faites quatre crêpes à la fois, en utilisant pour chacune 4 c. à s. de pâte ; laissez-les cuire 4 mn, ou le temps qu'elles soient bien dorées de chaque côté. Recommencez cinq fois de suite, en ajoutant ½ c. à c. d'huile dans la poêle. Pour 6 personnes

MUFFINS AUX PRUNEAUX ET À L'ORANGE

Pour un poids équivalent à celui de fruits crus, les fruits secs tels que les pruneaux apportent plus de glucides et de calories que les précédents, leur taux de sucre restant inchangé après le procédé de déshydratation.

12 pruneaux, coupés en huit	½ c. à c. de sel
4 c. à s. de jus d'orange	4 c. à s. d'huile végétale
17,5 cl de babeurre	2 c. à s. de mélasse
1 c. à s. de zeste d'orange râpé	2 c. à s. de sucre roux
250 g de farine ordinaire	1 œuf
1 c. à c. de levure chimique	175 g de boulgour cuit (60 g de
½ c. à c. de bicarbonate de soude	boulgour sec)

Préchauffez le four à 200° (thermostat 6). Graissez un moule à gâteaux de 12 trous, ou bien chemisez les moules de papier sulfurisé (ou encore utilisez un moule anti-adhésif). Mettez les pruneaux et le jus d'orange dans une petite casserole anti-adhésive et faites chauffer à feu moyen pendant 4 mn, ou jusqu'à ce que le liquide soit presque totalement évaporé. Après avoir ôté la casserole du feu, ajoutez le babeurre et le zeste d'orange ; réservez. Mélangez dans une terrine la farine, la levure, le bicarbonate et le sel, en faisant un puits au centre. Dans une autre terrine, travaillez l'huile, la mélasse, le sucre et l'œuf. Ajoutez les pruneaux et le boulgour, mélangez. Versez ce mélange dans le puits préparé dans les ingrédients secs et amalgamez le tout afin d'obtenir une pâte homogène. Répartissez la pâte dans les moules et mettez au four 20 mn, ou le temps que les muffins soient fermes et bien dorées en surface. Pour 12 muffins.

CALORIES par personne	320
71 % de glucides	56 g
13 % de protéines	10 g
16 % de lipides	6 g
CALCIUM	166 mg
FER	2 mg
SODIUM	432 mg

Les jus de fruits ont une action doublement néfaste sur la dentition : le sucre qu'ils contiennent entretient les bactéries responsables des caries ; ils renferment également des acides qui ramollissent la surface émaillée des dents. Heureusement, la salive neutralise les acides et reducrit la surface des dents. Aussi, pour protéger votre dentition, ne buvez pas de jus de fruits à longueur de journée et attendez pour vous brosser les dents au moins une heure après en avoir bu : vous risqueriez autrement d'ôter un peu d'émail.

CALORIES par muffin	175
64 % de glucides	28 g
8 % de protéines	4 g
28 % de lipides	6 g
CALCIUM	55 mg
FER	1 mg
SODIUM	185 mg

MÜESLI

Les fruits secs apportent du fer. Une portion de ce müesli fournit plus de 25 % du fer dont une femme adulte a besoin quotidiennement.

160 g de flocons d'avoine

25 cl de lait écrémé

4 c. à s. de raisins secs

4 c. à s. de jus de pomme

2 c. à s. de miel

25 cl de yogourt maigre nature

30 g d'abricots secs, hachés

75 g de pommes séchées, hachées

4 c. à s. de noisettes pilées

4 c. à s. de sucre roux

2 mandarines, pelées, coupées en quartiers et épépinées

Dans une terrine de taille moyenne, versez le lait sur les flocons d'avoine, en remuant bien le tout. Dans un récipient plus petit, mettez les raisins secs et le jus de pomme. Laissez ces deux mélanges en attente pendant 30 mn.

Amalgamez le miel au yogourt; réservez. Incorporez aux flocons d'avoine les raisins et le jus de pomme, les fruits secs, les noisettes et le sucre. Mélangez. Répartissez le müesli dans quatre bols. Garnissez chaque portion de 4 c. à s. de yogourt et de quartiers de mandarine. Pour 4 personnes

CALORIES par personne	395
74 % de glucides	75 g
12 % de protéines	12 g
14 % de lipides	6 g
CALCIUM	234 mg
FER	3 mg
SODIUM	89 mg

MARMELADE D'ANANAS AUX AGRUMES

Le goût naturellement sucré de l'ananas remplace une quantité impor-tante du sucre raffiné qui entre habituellement dans la composition des confitures et des marmelades.

1 ananas de 1,75 à 2 kg	4 c. à s. de sucre
1 orange	90 g de pectine
1 citron	35 cl de jus d'ananas

Retirez l'écorce de l'ananas puis, au-dessus d'un plat creux afin de recueillir le jus, râpez la chair de l'ananas en fines lamelles avec une râpe à gros trous *(ci-dessous)*. Le volume total de la chair râpée et du jus doit être d'environ 25 cl. Transférez-le dans une grande casserole en matière inerte. Retirez les zestes de l'orange et du citron avec un couteau économe et taillez-les en fines lanières. Coupez les fruits en deux et pressez-les afin d'obtenir 4 c. à s. de jus d'orange et 1½ c. à s. de jus de citron. Ajoutez le zeste et le jus des agrumes, le sucre, la pectine et le jus d'ananas dans la casserole, portez à faible ébullition sur feu moyen. Laissez cuire, en remuant fréquemment, de 45 mn à 1 h, ou le temps que le liquide commence à épaissir. Vérifiez la cuisson en trempant une cuillère en métal dans le mélange : il doit retomber en nappe et non pas en gouttes séparées. Versez la marmelade encore chaude dans un pot stérilisé de 350 g et couvrez hermétiquement. Cette marmelade peut se conserver jusqu'à 2 mois au réfrigérateur.   Pour 36 portions de 2 c. à c.

CALORIES par personne	20
95 % de glucides	5 g
2 % de protéines	0,1 g
3 % de lipides	0,1 g
CALCIUM	3 mg
FER	traces
SODIUM	traces

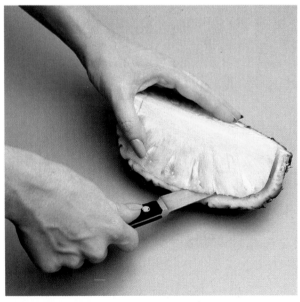

Pour ôter la couronne de feuilles de l'ananas, empoignez celles-ci d'une main en donnant une torsion rapide. Coupez l'ananas en quatre dans la longueur. Glissez le couteau entre l'écorce et la chair et dégagez les quatre morceaux.

En utilisant le côté à gros trous d'une râpe, râpez finement la chair de l'ananas dans un plat creux pour en recueillir le jus. Transférez le mélange de pulpe râpée et de jus dans une grande casserole en matière inerte.

TOURTE AUX FRUITS POUR LE PETIT DÉJEUNER

Beaucoup de nutritionnistes estiment que les aliments tels que les abricots, qui contiennent du bêta carotène, sont meilleurs pour la santé que les compléments alimentaires de vitamine A.

CALORIES par personne	270
69 % de glucides	48 g
6 % de protéines	4 g
25 % de lipides	8 g
CALCIUM	83 mg
FER	2 mg
SODIUM	227 mg

2 poires

8 moitiés d'abricots secs

6 pruneaux

250 g de morceaux d'ananas, en conserve, au naturel, égouttés

6 c. à s. du jus d'ananas de la boîte

3 c. à s. de miel

45 g de flocons d'avoine

175 g de farine

1½ c. à c. de levure chimique

½ c. à c. de sel

½ c. à c. de cannelle, moulue

12,5 cl de lait écrémé

4 c. à s. d'huile végétale

1 c. à s. de sucre roux

Préchauffez le four à 220° (thermostat 7). Pelez et évidez les poires et coupez-les en cubes de 2,5 cm. Mettez-les dans une cocotte peu profonde. Coupez les moitiés d'abricots et les pruneaux en quatre, ajoutez-les dans la cocotte ainsi que les morceaux et le jus d'ananas, 1 c. à s. de miel et 6 c. à s. d'eau. Portez à ébullition, puis réduisez le feu et laissez cuire 7 mn, ou le temps que les poires soient tendres et le liquide réduit de moitié. Ôtez la cocotte du feu et réservez.

Dans une terrine, mettez les flocons d'avoine — après en avoir prélevé 1 c. à s. —, la farine, la levure, le sel et la cannelle, en faisant un puits au centre. Mélangez dans une autre terrine le reste du miel, le lait, l'huile et le sucre. Versez ce mélange dans le puits et amalgamez le tout. Faites tomber la pâte, par grosses cuillerées, sur les fruits de la cocotte et saupoudrez-la du reste de flocons d'avoine. Enfournez la tourte à mi-hauteur et laissez cuire 12 mn, ou le temps que la surface soit dorée.   Pour 8 personnes

PAIN DE BANANES AU BABEURRE

Convenant aussi bien à l'heure du thé que pour un petit déjeuner ou un « en-cas », ce pain contient moins de lipides que la plupart des autres pains de bananes et fournit une bonne quantité de glucides énergétiques.

CALORIES par personne	220
66 % de glucides	37 g
7 % de protéines	4 g
27 % de lipides	7 g
CALCIUM	26 mg
FER	1 mg
SODIUM	137 mg

185 g de farine

½ c. à c. de bicarbonate de soude

¼ de c. à c. de sel

1 œuf de gros calibre

2 c. à s. d'huile végétale

125 g de miel

4 c. à s. de babeurre

225 g de bananes mûres, écrasées

4 c. à s. de raisins secs

4 c. à s. de noix, hachées

Préchauffez le four à 180° (thermostat 4). Graissez un moule à cake de 22 cm sur 12 cm. Mélangez la farine, le bicarbonate et le sel dans une petite terrine ; réservez. Dans un récipient plus grand, amalgamez l'œuf, l'huile et le miel en les battant au fouet électrique pour rendre l'ensemble mousseux. Ajoutez la moitié de la farine et battez à nouveau. Versez ensuite le babeurre et le reste de farine, en remuant bien à chaque fois. Incorporez la purée de bananes, mélangez à nouveau, puis ajoutez les raisins secs et les noix. Versez la pâte dans le moule et mettez au four pendant 50 mn, ou le temps que le pain soit bien ferme et doré. Retournez le pain sur une grille et laissez refroidir complètement.   Pour 8 personnes

SALADE DE CANARD ET DE POIRES AU GINGEMBRE

La consommation excessive de sodium et celle trop faible de potassium peuvent faire augmenter la tension artérielle, déjà trop élevée, de certaines personnes. Les fruits tels que les poires, riches en potassium, peuvent améliorer votre équilibre sodium/potassium.

CALORIES par personne	300
55 % de glucides	42 g
17 % de protéines	13 g
28 % de lipides	9 g
CALCIUM	44 mg
FER	4 mg
SODIUM	52 mg

4 c. à s. de xérès

1½ c. à c. de gingembre frais, râpé

4 poires Comice pelées, coupées en deux et évidées

3 c. à s. d'huile d'olive

2 c. à s. de vinaigre de vin de riz japonais

1 c. à c. de moutarde de Dijon

1 pincée de poivre noir

350 g d'asperges, épluchées

175 g de fedelini ou de spaghettini

125 g de poivron rouge, coupé en julienne

60 g de ciboules, en julienne

250 g de filets de canard (2 filets)

1 petite laitue feuille de chêne

Mettez le xérès, le gingembre ainsi que 4 c. à s. d'eau dans une casserole. Ajoutez les poires, couvrez et portez à ébullition. Baissez le feu et laissez frémir pendant 7 à 10 mn, en remuant de temps en temps. Égouttez les

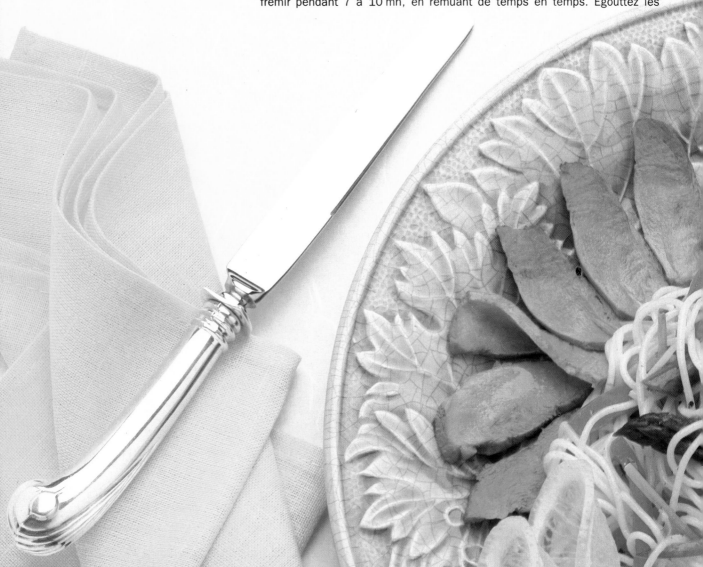

poires, en réservant le jus de cuisson pour la vinaigrette. Transférez-les dans une terrine et laissez-les refroidir au réfrigérateur. Faites la vinaigrette en mélangeant 6 c. à s. du liquide de cuisson réservé avec l'huile, le vinaigre, la moutarde et le poivre ; réservez.

Mettez de l'eau à bouillir dans une autre casserole. Coupez les pointes d'asperges et mettez-les de côté. Taillez les tiges en biais, en morceaux de 5 cm, et faites-les blanchir 2 mn. Ajoutez les pointes et laissez cuire encore 1 mn. Transférez les asperges cuites dans une passoire, en gardant l'eau de cuisson. Rafraîchissez-les sous l'eau froide et mettez-les dans une terrine. Faites cuire les pâtes *al dente*. Égouttez-les et mélangez-les aux asperges. Ajoutez le poivron, les ciboules et la moitié de la vinaigrette. Mélangez bien et réservez 1 h.

Pendant ce temps, faites cuire les filets de canard dans une poêle en matière inerte, à feu moyen, 3 à 4 mn de chaque côté. Vérifiez la cuisson avec la pointe d'un couteau : le jus qui perle doit être rosé. Ôtez la poêle du feu et laissez reposer 5 mn avant de découper la viande en fines aiguillettes.

Garnissez six assiettes de feuille de chêne. Coupez les poires en lamelles. Disposez un peu du mélange pâtes-légumes dans les assiettes et répartissez autour les lamelles de poires et les aiguillettes.　　　Pour 6 personnes

SOUPE AU POULET ET AU PAMPLEMOUSSE À LA GRECQUE

La couleur rose de certains pamplemousses provient de leur teneur élecée en bêta carotène que l'organisme convertit en vitamine A.

CALORIES par personne	320
65 % de glucides	51 g
12 % de protéines	9 g
23 % de lipides	8 g
CALCIUM	68 mg
FER	2 mg
SODIUM	542 mg

1½ c. à c. d'huile d'olive
90 g d'oignons, coupés en dés
30 g de carotte, coupée en dés
30 g de céleri, coupé en dés
1,5 l de fond de volaille peu salé
¼ de c. à c. de sel

175 g de chapelure fraîche
3 jaunes d'œufs
12,5 cl de jus de pamplemousse
1 c. à s. de vin blanc
350 g de baguette, coupée en tranches

Mettez l'huile à chauffer à feu moyen dans une casserole en matière inerte. Ajoutez les oignons, que vous ferez revenir pendant 3 mn, puis la carotte et le céléri, en continuant la cuisson 2 mn. Versez le fond de volaille et le sel, portez à ébullition et laissez frémir 5 mn. Ôtez la casserole du feu. Transférez 50 cl de ce bouillon dans un mixeur, ajoutez la chapelure et mixez 2 mn. Remettez le mélange dans la casserole. Mettez dans le mixeur les jaunes d'œufs, le jus de pamplemousse et le vin; mixez 2 mn. Faites chauffer la soupe à feu doux et incorporez le mélange à base d'œufs, en remuant constamment avec une spatule en bois. Laissez cuire 6 mn environ, ou le temps que la soupe épaississe et prenne la consistance d'une crème légère : ne la laissez pas bouillir sinon les jaunes d'œufs coaguleraient. Servez avec les tranches de pain. Pour 6 personnes

CROQUETTES DE POMMES DE TERRE AU COULIS DE FRAISES ET POMMES

200 g de fraises contiennent approximativement 10 % du fer dont une femme a besoin chaque jour et plus du double de la ration quotidienne nécessaire en vitamine C.

150 g de fraises, fraîches ou surgelées
2 pommes moyennes, pelées, évidées et coupées en morceaux
8 pommes de terre moyennes

½ petit oignon
2 œufs, de gros calibre, légèrement battus
1 grosse pincée de sel
1 c. à s. d'huile végétale

Réduisez en purée les fraises et les morceaux de pommes dans un mixeur. Transférez ce coulis dans un bol, couvrez et réservez au réfrigérateur.

Préchauffez le four à 95° (thermostat ½). Pelez les pommes de terre et râpez-les dans une terrine. Râpez l'oignon, ajoutez-le aux pommes de terre. Incorporez à ce mélange les œufs battus et le sel. Mettez 1½ c. à c. d'huile à chauffer à feu moyen dans une poêle en matière inerte. Faites quatre croquettes, en utilisant pour chacune un huitième environ de la préparation. Faites-les cuire 7 mn de chaque côté, ou le temps qu'elles soient bien dorées. Enveloppez-les dans une feuille d'aluminium et gardez-les au chaud dans le four. Ajoutez le reste d'huile dans la poêle et faites quatre autres croquettes. Répartissez les croquettes sur quatre assiettes et nappez chaque portion de 4 c. à s. de coulis de fraises et de pommes. Pour 4 personnes

CALORIES par personne	345
72 % de glucides	64 g
11 % de protéines	9 g
17 % de lipides	7 g
CALCIUM	44 mg
FER	3 mg
SODIUM	85 mg

CRÊPES DE SARRASIN AUX ORANGES

Les oranges et tous les agrumes en général sont la meilleure source de vitamine C dont on dispose pendant toute l'année.

1 œuf de gros calibre	4 oranges Navel
12,5 cl de lait demi-écrémé	17,5 cl environ de jus d'orange
2 c. à s. de farine de sarrasin	2 c. à s. de miel
2 c. à s. de farine ordinaire	2 c. à s. de Cointreau

CALORIES par personne	145
81 % de glucides	31 g
10 % de protéines	4 g
9 % de lipides	2 g
CALCIUM	89 mg
FER	traces
SODIUM	24 mg

Mélangez l'œuf, le lait et les deux farines dans un mixeur. Transférez la pâte dans une terrine, couvrez et mettez au réfrigérateur pendant 1 h. Pendant ce temps, prélevez avec un couteau économe le zeste de 1 orange et coupez-en en fines lamelles la valeur de 2 c. à s. ; réservez. Au-dessus d'un bol, afin de recueillir le jus, pelez à vif les 4 oranges, et dégagez les quartiers en ôtant les membranes ; réservez.

Graissez une poêle à crêpes en matière inerte et faites-la chauffer à feu moyen. Après avoir remué la pâte, versez-en 2 c. à s. dans la poêle en la faisant tourner rapidement pour recouvrir uniformément le fond. Laissez cuire 1 mn environ puis, dès que cette face est dorée, retournez la crêpe et faites dorer l'autre face pendant 15 s. Mettez la crêpe sur un plat. Faites cinq autres crêpes en procédant de la même façon.

Versez le jus que vous avez recueilli des oranges dans un verre gradué et ajoutez suffisamment de jus d'orange pour obtenir 25 cl au total. Mélangez-le au miel et au Cointreau dans une casserole en matière inerte et portez à ébullition à feu vif. En remuant de temps en temps, faites réduire le sirop à la valeur de 4 c. à s. Ajoutez les oranges et laissez cuire 2 mn ou le temps que l'intérieur des fruits soit chaud. Avant de les rouler, garnissez les crêpes d'oranges et de sirop. Décorez-les de zeste d'orange.   Pour 6 personnes

Crêpes de sarrasin aux oranges

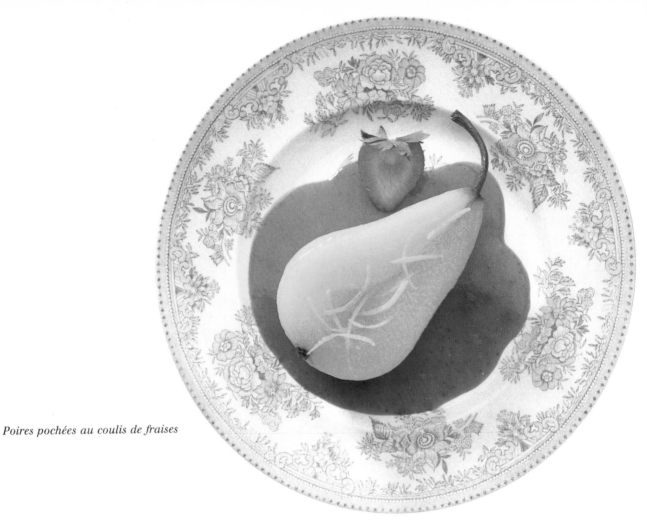

Poires pochées au coulis de fraises

POIRES POCHÉES AU COULIS DE FRAISES

Dans ce plat, les fruits fournissent une grande quantité de potassium, sel minéral important pour maintenir une tension artérielle normale.

200 g de sucre, plus 1 c. à s.	**3 poires de taille moyenne**
1 bâton de cannelle	**150 g de fraises**
1 citron	**1 c. à s. de liqueur de cassis**

Mettez 50 cl d'eau, 200 g de sucre et le bâton de cannelle dans une poêle en matière inerte. Portez à ébullition à feu moyen. Mélangez bien pour faire fondre le sucre. Avec un couteau économe, ôtez le zeste du citron et coupez-le en fine julienne. Partagez le citron en deux. Pelez les poires, coupez-les en deux, évidez-les. Citronnez les moitiés de poires et posez-les, côté bombé dessous, dans la poêle. Pressez les citrons, réservez 1 c. à s. de jus et versez le reste du jus dans la poêle. Ajoutez les moitiés de citron, couvrez et laissez frémir de 10 à 15 mn. Laissez tiédir les poires dans la poêle, puis mettez-les à refroidir au réfrigérateur dans leur jus de cuisson.

Réduisez les fraises en purée dans un mixeur. Ajoutez 4 c. à s. du jus de cuisson, le cassis, la c. à s. de jus de citron réservée et le reste de sucre. Mixez. Répartissez le coulis dans six assiettes, posez une demi-poire au centre et décorez de zeste de citron en julienne.   Pour 6 personnes

CALORIES par personne	120
94 % de glucides	31 g
2 % de protéines	1 g
4 % de lipides	1 g
CALCIUM	31 mg
FER	1 mg
SODIUM	1 mg

ESQUIMAUX AU PAMPLEMOUSSE

Ces esquimaux acidulés apportent moins de calories mais plus de vitamine C que la plupart de ceux du commerce.

35 cl de jus de pamplemousse   2 c. à s. de sucre
12,5 cl de soda aux écorces amères

Mettez le jus de pamplemousse, le soda et le sucre dans un récipient et mélangez bien pour faire fondre le sucre. En prenant chaque fois 4 c. à s. du mélange, remplissez 8 moules à esquimau ou 8 petites coupes en papier. Mettez-les dans le congélateur pendant 1 h ½ ou 2 h, en remuant deux fois. Lorsque les esquimaux commencent à prendre, enfoncez au milieu un petit bâtonnet et remettez-les au congélateur 4 à 5 h.   Pour 8 esquimaux

CALORIES par esquimau	36
96 % de glucides	9 g
3 % de protéines	0,2 g
1 % de lipides	0,04 g
CALCIUM	3 mg
FER	traces
SODIUM	2 mg

MOUSSE AUX FRAMBOISES

Parce qu'elle ne comporte pas de crème, cette mousse est dépourvue de graisses saturées et de cholestérol. Les framboises fournissent, quant à elles, de la vitamine C et du fer.

300 g de framboises surgelées,   les blancs de gros 2 œufs
    décongelées   4 c. à s. de sucre en poudre
7 g de gélatine en poudre   1 c. à s. de jus de citron

Réduisez les framboises en purée dans un mixeur et passez la purée au tamis. Mettez 4 c. à s. d'eau à bouillir. Versez-la dans un bol et saupoudrez-la de gélatine, remuez jusqu'à ce que le liquide soit transparent. Dans une terrine, mélangez la gélatine et les autres ingrédients et battez au fouet électrique 5 à 8 mn, pour monter la préparation en mousse ferme. Rincez un moule de 2 litres mais ne l'essuyez pas. Remplissez-le de la préparation aux framboises, couvrez et laissez prendre au réfrigérateur au moins 6 h. Pour servir, trempez le moule dans l'eau chaude pour détacher la mousse puis renversez-le sur un plat.   Pour 8 personnes

CALORIES par personne	70
89 % de glucides	16 g
10 % de protéines	2 g
1 % de lipides	0,1 g
CALCIUM	7 mg
FER	traces
SODIUM	14 mg

«APPLE CRUMBLE»

En pelant les pommes, on perd un peu des fibres que contient la peau; la farine complète et les flocons d'avoine compensent cette perte.

8 pommes moyennes, pelées,   60 g de farine complète
    évidées et coupées en morceaux   75 g de flocons d'avoine
4 c. à s. de sucre en poudre   60 g de sucre roux
1 c. à c. de cannelle, moulue   ¼ de c. à c. de sel
1 c. à s. de jus de citron   60 g de beurre, ramolli

Préchauffez le four à 180° (thermostat 4). Mélangez dans un plat à four les pommes avec le sucre en poudre, la cannelle et le jus de citron. Mettez la farine, les flocons d'avoine, le sucre roux et le sel dans une terrine, ajoutez le beurre et incorporez-le du bout des doigts aux autres ingrédients pour obtenir un mélange granuleux. Étalez-le sur les pommes, couvrez le plat d'une feuille d'aluminium, et mettez au four 30 mn puis laissez cuire à découvert encore 10 mn, ou le temps que la surface soit dorée.   Pour 8 personnes

CALORIES par personne	250
72 % de glucides	48 g
4 % de protéines	3 g
24 % de lipides	7 g
CALCIUM	27 mg
FER	1 mg
SODIUM	72 mg

SIROP D'AIRELLES AUX ÉPICES

CALORIES par personne	35
98 % de glucides	9 g
1 % de protéines	0,1 g
1 % de lipides	0,04 g
CALCIUM	8 mg
FER	traces
SODIUM	2 mg

Les boissons parfumées aux fruits, faites avec ce concentré ou ceux des deux recettes suivantes, vous aideront à récupérer une grande partie de l'eau et des électrolytes que vous avez pu perdre en transpirant.

25 cl de jus d'airelles non sucré
1 pincée de gingembre, moulu
1 pincée de cannelle, moulue
1 pincée de quatre-épices

1 pincée de clous de girofle, moulus
2 tranches d'orange avec la peau

Mélangez tous les ingrédients dans une casserole en matière inerte, portez à ébullition à feu moyen et laissez cuire à petits bouillons pendant 10 mn. Ôtez les tranches d'orange et versez le sirop dans un pot ou un bocal stérilisé. Couvrez et mettez au réfrigérateur.

Pour obtenir une boisson pétillante d'airelles aux épices, mettez 3 c. à s. de sirop dans un grand verre et ajoutez 25 cl d'eau gazeuse. Pour confectionner un grog, mettez 3 c. à s. de sirop dans une chope, ajoutez 25 cl d'eau bouillante et un bâton de cannelle. Pour 5 personnes

SIROP DE MYRTILLES À LA VANILLE

CALORIES par personne	60
91 % de glucides	14 g
4 % de protéines	0,6 g
5 % de lipides	0,4 g
CALCIUM	6 mg
FER	traces
SODIUM	6 mg

300 g de myrtilles fraîches
2,5 cm d'une gousse de vanille

Mettez les myrtilles dans un mixeur et réduisez-les en purée. Transférez cette purée dans une terrine, couvrez et laissez reposer jusqu'au lendemain dans un endroit frais (mais pas au réfrigérateur). Posez une passoire tapissée

d'une mousseline au-dessus d'un récipient de taille moyenne et filtrez la purée en la pressant pour recueillir le plus de jus possible ; vous devez en obtenir environ 12,5 cl. Mettez le jus et la gousse de vanille dans une casserole en matière inerte et portez à ébullition à feu moyen. Laissez cuire à petits bouillons pendant 10 mn. Versez le liquide dans un pot ou une bouteille et couvrez hermétiquement.

Utilisez ce concentré comme le Sirop d'airelles aux épices *(ci-dessus)*. Ce sirop peut également servir à napper des crêpes.   Pour 3 personnes

SIROP DE FRAMBOISES

125 g de framboises fraîches

Reportez-vous à la recette du Sirop de myrtilles à la vanille *(ci-dessus)*.
                                                                       Pour 2 personnes

CALORIES par personne	65
85 % de glucides	15 g
6 % de protéines	2 g
9 % de lipides	1 g
CALCIUM	28 mg
FER	1 mg
SODIUM	néant

JUS DE PASTÈQUE

Insolite et rafraîchissante, cette boisson à base de pastèque apporte de la vitamine C et du potassium.

600 g de pastèque (pesée avec l'écorce)   **½ banane de taille moyenne**
                                                   4 cubes de glace

Recueillez la chair de la pastèque dans une terrine et écrasez-la avec un presse-purée. Couvrez et mettez au réfrigérateur jusqu'au lendemain. Posez une passoire tapissée d'une mousseline au-dessus d'un récipient et pressez la purée de pastèque pour recueillir le plus de jus possible ; vous devez en obtenir 17,5 cl environ. Mélangez le jus recueilli, la banane et les cubes de glace dans un mixeur le temps que le tout soit bien homogène. Versez dans un verre glacé.   Pour 1 personne

CALORIES par personne	155
86 % de glucides	36 g
6 % de protéines	3 g
8 % de lipides	2 g
CALCIUM	27 mg
FER	1 mg
SODIUM	7 mg

GRANITÉ AU MELON D'ESPAGNE

Les granités ou les boissons givrées contenant des sirops très sucrés n'ont aucun intérêt nutritif, tandis que ce rafraîchissement à base de fruit est riche en vitamine C et en potassium.

1 gros melon d'Espagne (1,250 kg environ)   **3 cubes de glace**

Pour préparer ce jus de fruit, coupez le melon en deux et ôtez les graines. Reportez-vous à la recette du Jus de pastèque *(ci-dessus)*. Mettez le jus de melon et les cubes de glace dans un mixeur et mélangez pour obtenir une boisson mousseuse et givrée. Versez dans un verre glacé. Pour 1 personne

CALORIES par personne	195
93 % de glucides	51 g
5 % de protéines	3 g
2 % de lipides	1 g
CALCIUM	33 mg
FER	traces
SODIUM	55 mg

◁ *Jus de pastèque ; Sirop de myrtilles à la vanille, Sirop d'airelles aux épices, Sirop de framboises ; Granité au melon d'Espagne*

CHAPITRE CINQ

Les légumineuses

La meilleure source végétale de protéines

Bien qu'elles renferment de nombreux éléments nutritifs, les légumineuses, dont font partie les haricots, les pois, les lentilles et les pois chiches, sont particulièrement riches en protéines. En moyenne, ces graines enveloppées d'une cosse contiennent quand elles arrivent à maturité (ou qu'elles sont séchées) 22 % environ de protéines, plus que n'importe quelle plante comestible. Contrairement aux protéines d'origine animale, les protéines des légumineuses ne renferment pas de cholestérol et sont généralement pauvres en lipides. En conséquence, les protéines provenant de la plupart des légumineuses, comparées à celles de la viande, se classent dans la catégorie basses-calories. Cent cinquante grammes de légumineuses cuites atteignent en moyenne 130 calories seulement ; la viande maigre d'un hamburger de 150 g avoisine 220 calories.

Les légumineuses sont aussi riches en énergie fournie par les glucides complexes, en vitamines du groupe B (en particulier la B_6 et la thiamine), en sels minéraux, fer, zinc et cuivre. Cent grammes de la plupart des sortes de légumineuses cuites procurent 20 % de la ration quotidienne de fer recommandée aux femmes et 25 % de celle des hommes, ainsi que plus de 7 % de la ration de zinc recommandée aux hommes comme aux femmes.

De plus, étant pauvres en sodium et riches en potassium, les légumineuses conviennent bien aux personnes qui souffrent d'une tension artérielle trop élevée. Les légumineuses garnies, comme les germes de luzerne, ou de haricot mung (légumineuse asiatique) souvent

P RÉPARATION DES LÉGUMINEUSES

Hormis les pois cassés et les lentilles, il faut faire tremper les légumineuses citées ci-dessous avant cuisson. Les modes de trempage et de cuisson sont expliqués ci-contre. Attention : la plupart des légumineuses doublent de volume en cuisant.

CORNILLES, ROGNONS DE COQ, HARICOTS NAINS TACHETÉS, HARICOTS BLANCS. *Faites bouillir à découvert 10 mn en utilisant 3 volumes d'eau pour un de haricots, puis laissez frémir à couvert de 1 h 1/2 à 2 heures.*

HARICOTS NOIRS. *Faites bouillir à découvert 10 mn en utilisant 3 volumes d'eau pour un volume de haricots, puis laissez frémir à couvert de 1 heure à 1 h 1/2.*

LENTILLES. *Faites bouillir à découvert 2 mn en utilisant 3 volumes d'eau pour un volume de lentilles, puis laissez frémir à couvert 20 à 25 mn.*

POIS CASSÉS. *Faites bouillir à découvert 2 mn en utilisant 4 volumes d'eau pour un volume de pois cassés, puis laissez frémir à couvert 30 mn.*

POIS CHICHES. *Faites bouillir à découvert 10 mn en utilisant 3 volumes d'eau pour un de pois chiches puis laissez frémir à couvert 2 h 1/2 à 3 heures.*

employés dans la cuisine chinoise, fournissent également une grande quantité de vitamine C.

Avec en moyenne huit à neuf grammes de fibres pour une portion de 150 g, les légumineuses comportent la plus grande quantité de fibres de tous les aliments végétaux. De récentes études ont montré que les fibres hydrosolubles des légumineuses peuvent abaisser le taux de cholestérol dans le sang — et donc les risques de maladies cardio-vasculaires — en s'agglutinant aux particules de cholestérol et en l'expulsant de l'organisme. Les premiers résultats semblent indiquer que cet abaissement du taux de cholestérol serait de longue durée. Enfin, les légumineuses peuvent aider ceux qui surveillent leur poids. Parce qu'elles contiennent de nombreuses fibres non digestibles, les légumineuses satisfont l'appétit en apportant relativement peu de calories.

Bien que les protéines de la plupart des légumineuses soient des protéines incomplètes — ce qui signifie qu'elles manquent d'un ou de plusieurs acides aminés essentiels à l'organisme —, il est facile de combler cette carence en les accompagnant d'une petite quantité de céréales, de produits laitiers, d'œufs, de volaille ou de viande. Vous pouvez même consommer ces aliments quelques heures après les légumineuses et tirer ainsi parti de protéines complètes. La plupart des recettes qui suivent montrent comment associer les légumineuses aux autres aliments de façon qu'elles constituent la source principale de protéines d'un repas.

La manière de cuire les légumineuses est importante surtout si vous êtes sujets au météorisme et aux ballonnements. Les flatulences ont lieu quand les sucres complexes produisent des gaz au cours de leur dégradation dans l'intestin. C'est parfois un problème pour les personnes qui ne consomment pas régulièrement de légumineuses encore que nombre d'individus ne ressentent aucun trouble de ce genre. Les trois étapes de la préparation des légumes secs — lavage, trempage, cuisson — peuvent minimiser ces inconvénients. La première est importante car les haricots secs en paquet ou en vrac contiennent souvent des impuretés. Triez-les avec soin puis plongez-les rapidement dans l'eau. Éliminez tous ceux qui flottent, rincez les autres à nouveau sous l'eau froide.

La seconde, le trempage, est nécessaire car beaucoup de haricots secs ont besoin d'être réhydratés après maturation et dessiccation. (Les légumineuses à peau fine comme les lentilles et les pois cassés n'ont pas besoin de trempage.) Il existe deux méthodes de trempage. Pour la plus longue qui élimine plus de 90 % des sucres non digestibles, responsables des gaz et des ballonnements, plongez simplement les légumineuses dans l'eau bouillante, laissez-les tremper ensuite au moins huit heures au réfrigérateur. Jetez l'eau de trempage, remplacez-la pour la cuisson par de l'eau fraîche. Pour un trempage rapide, mettez les légumineuses dans une cocotte, recouvrez-les d'eau chaude, amenez à ébullition pendant deux minutes puis laissez-les une heure à couvert. Jetez aussi l'eau de trempage avant la cuisson.

Pour cuire les haricots, utilisez trois volumes d'eau pour un volume de haricots. Portez doucement à ébullition, écumez l'amidon qui monte en surface. Il est très important de faire bouillir les légumes secs suffisam-

Conseils d'achat et de stockage

◆ Faites attention au calibrage et à la couleur des légumineuses en vrac. Les haricots doivent être brillants, sans impuretés ni traces de moisissure. Rejetez les haricots éclatés ou qui portent des traces de petits trous d'épingle imputables aux insectes. Achetez-les dans des magasins à gros débit. Les casiers des haricots en vrac ont besoin d'être nettoyés souvent et leur contenu renouvelé.

◆ Les pois et les haricots secs doivent avoir à peu près la même taille pour être cuits en même temps. Ne mélangez pas des légumineuses achetées récemment avec de plus anciennes, elles ne cuiraient pas uniformément. Les haricots frais doivent être gonflés et lisses.

◆ On peut garder des légumineuses non cuites dans un emballage fermé ou dans un récipient hermétique pendant plus d'un an, dans un endroit sec et frais. Les haricots cuits peuvent rester trois ou quatre jours au réfrigérateur dans un récipient couvert et de quatre à six mois au congélateur.

◆ Les légumineuses en boîte coûtent en général plus cher que les variétés séchées mais elles se conservent aussi bien. Elles sont moins longues à préparer puisqu'il suffit de les réchauffer. Les haricots en boîte souffrent souvent du procédé de conservation susceptible de les ramollir.

ment longtemps pour les débarrasser de leurs lectines, toxines qui peuvent provoquer des troubles gastro-intestinaux.

La plupart des légumes secs doivent bouillir au moins dix minutes pour que ces lectines soient détruites. Lentilles et pois cassés, eux, n'ont besoin de bouillir que deux ou trois minutes. Si vous êtes sujets aux flatulences, jetez aussi leur eau de cuisson, sinon vous pouvez vous en servir comme fond de potage.

Après ébullition, laissez frémir l'eau et poursuivez la cuisson. Le temps de cuisson — y compris l'ébullition — va de moins d'une heure pour les lentilles à deux heures et demie/trois heures pour les pois chiches. En général, faites cuire les légumineuses en les remuant de temps en temps et en rajoutant de l'eau si nécessaire, jusqu'à ce qu'elles soient tendres sans se défaire. En cuisant, les légumineuses doublent de volume.

Les légumineuses prennent la saveur des ingrédients ajoutés à la cuisson : herbes, épices ou légumes. Vous ne devez saler et ajouter les adjuvants acides tels que tomates, vin, jus de citron ou vinaigre que vers la fin de la cuisson, car ils retardent le processus de ramollissement et augmentent le temps de cuisson.

Nombre de légumineuses peuvent s'acheter précuites en boîte ou surgelées — ce qui représente un gain de temps appréciable. Les pois et les haricots en boîte gardent la plupart de leurs éléments nutritifs, ils sont toutefois souvent un peu salés. Égouttez-les et rincez-les soigneusement avant de les utiliser pour enlever cet excédent de sel.

Comme le montrent les recettes qui suivent, vous pouvez vous servir des légumineuses pour de nombreux plats sains et nourrissants — de la soupe et la salade au plat de résistance. Soyez inventifs. En mélangeant les légumineuses, on peut obtenir des résultats très intéressants.

SOUPE DE POIS CHICHES ET DE SCAROLE

CALORIES par personne	185
61 % de glucides	29 g
15 % de protéines	7 g
24 % de lipides	5 g
CALCIUM	81 mg
FER	3 mg
SODIUM	468 mg

Dans cette recette, le mélange de riz et de pois chiches fournit à l'organisme des protéines aussi complètes que celles de la viande mais beaucoup moins de lipides et pas du tout de cholestérol.

2 c. à s. d'huile d'olive
175 g d'oignons, hachés
1 c. à s. d'ail, écrasé
1½ c. à c. de thym frais, haché ou
   ½ c. à c. de thym séché
1½ c. à c. d'origan frais haché ou
   ½ c. à c. d'origan séché
45 g de riz blanc, long grain
450 g de pois chiches, cuits

450 g de scarole, grossièrement
   hachée
165 g de grains de maïs, surgelés
   ou en boîte
2 c. à s. de concentré de tomate
2 c. à s. de jus de citron
1½ c. à c. de sel
¼ de c. à c. de tabasco
Poivre noir

Dans une casserole, faites chauffer l'huile à feu moyen. Faites-y sauter oignon, ail, thym et origan pendant 3 à 5 mn, ou le temps que l'oignon soit tendre. Ajoutez le riz, les pois chiches et la scarole, remuez pour bien les enrober d'huile. Ajoutez 2,5 litres d'eau, couvrez, portez à ébullition. Baissez le feu, laissez frémir, à couvert, 30 mn. Ajoutez le maïs, le concentré de tomate et le jus de citron. Portez à ébullition, couvrez, laissez frémir 30 mn. Assaisonnez avec le sel, le tabasco et le poivre.   Pour 8 personnes

Note : cette soupe se congèle bien. En portions individuelles, cela permet de préparer des repas rapides.

SOUPE AUX HARICOTS SECS ET AU MAÏS DOUX

CALORIES par personne	305
66 % de glucides	52 g
18 % de protéines	14 g
16 % de lipides	6 g
CALCIUM	187 mg
FER	4 mg
SODIUM	391 mg

Les haricots secs sont moins chargés en sel que les haricots en conserve. Vous pouvez éliminer une bonne quantité du sel ajouté aux haricots en boîte en les rinçant puis en les égouttant avant de vous en servir.

2 tranches de bacon entrelardé,
   coupées en dés
90 g d'oignon, coupé en dés
2 gousses d'ail, écrasées
60 g de carotte, hachée
100 g de poivron rouge,
   coupé en dés
1½ c. à s. de farine complète

25 cl de lait écrémé
1 feuille de laurier
½ c. à c. de sel
¼ de c. à c. de poivre blanc
¼ de c. à c. de sauge séchée
275 g de haricots secs, cuits
165 g de grains de maïs doux,
   surgelé ou en boite

Dans une casserole, cuisez à feu moyen le bacon 6 mn environ, ou le temps qu'il soit croustillant ; ne laissez qu'une c. à s. de gras. Ajoutez oignon, ail, carotte et poivron, faites cuire à couvert 7 mn environ, ou le temps que les légumes soient tendres. Ajoutez la farine, faites cuire en tournant 1 mn. Ajoutez 25 cl d'eau, le lait, le laurier, le sel, le poivre et la sauge, continuez la cuisson 4 mn de plus, ou le temps que la soupe soit légèrement épaissie. Ajoutez les haricots, faites cuire une dizaine de minutes. Ajoutez enfin le maïs, laissez cuire le temps que tout soit bien chaud.   Pour 4 personnes

Soupe de pois chiches et de scarole ▷

CALORIES par personne	175
72 % de glucides	32 g
25 % de protéines	11 g
3 % de lipides	1 g
CALCIUM	82 mg
FER	4 mg
SODIUM	144 mg

SALADE DE COCOS ROSÉS AUX HERBES

Les haricots cocos rosés sont riches en fibres. Accompagnez ce plat de pain complet : leur association vous fournira des protéines complètes.

200 g de cocos rosés secs, trempés toute une nuit et égouttés
1 feuille de laurier
2 gousses d'ail, coupées en 2
2 c. à s. de fond de volaille, peu salé

2 c. à s. de vinaigre de vin blanc
Sel et poivre noir
2 c. à s. de persil frais, haché
1½ c. à s. de basilic frais, haché, ou ½ c. à c. de basilic séché
1 c. à c. d'estragon séché

Mettez les haricots dans une casserole, ajoutez suffisamment d'eau froide pour les recouvrir de 5 cm. Portez à ébullition à feu moyen, laissez bouillir 10 mn. Baissez le feu, ajoutez le laurier et l'ail, couvrez et laissez frémir 1 h ½ jusqu'à ce que les haricots soient tendres, en ajoutant de l'eau au besoin pour qu'ils ne se dessèchent pas. Égouttez-les, retirez la feuille de laurier. Transférez les haricots dans une jatte. Pour l'assaisonnement, fouettez dans un bol le fond de volaille, le vinaigre, le sel, le poivre et les herbes. Versez-les sur les haricots chauds. Couvrez, mettez au réfrigérateur au moins 3 heures ou, mieux, toute la nuit.

Pour 2 personnes

Votre consommation journalière de sodium doit rester en dessous de 2000 mg. Un paquet de pommes chips — 30 g seulement — contient environ 10 % de cette quantité de sel. Un sachet de 90 g de cacahuètes salées en contient 630 mg, soit un peu moins du tiers de la ration recommandée. Avec 1400 mg ou plus de sel, un gros cornichon en saumure représente plus de la moitié de la quantité de sel journalière autorisée.

SOUPE AUX FÈVES ET AUX POIREAUX

Par temps froid, après un exercice physique intensif, une soupe comme celle-ci constitue un repas réconfortant et nourrissant, compensant les réserves de glycogène perdues. Les fèves en purée donnent à cette soupe une consistance onctueuse sans adjonction de crème.

2 poireaux de taille moyenne
1 c. à s. d'huile d'olive
175 g d'oignons, hachés
1 pomme de taille moyenne, Granny Smith par exemple, évidée et grossièrement hachée, plus quelques tranches pour

la garniture (facultatif)
175 g de petites fèves, cuites
35 cl de fond de volaille, peu salé
¼ de c. à c. de sel
Poivre noir
1 c. à s. de persil, haché

Débarrassez les poireaux de leurs racines et des extrémités de leurs feuilles. Coupez-les dans le sens de la longueur et lavez-les à l'eau courante froide. Essuyez-les et hachez-les grossièrement. Mettez à chauffer l'huile à feu moyen dans une casserole. Ajoutez les poireaux et l'oignon, faites-les sauter de 3 à 5 mn, ou jusqu'à ce qu'ils deviennent transparents. Ajoutez la pomme hachée, couvrez et faites cuire environ 15 mn en remuant de temps en temps, jusqu'à ce que la pomme soit tendre. Mettez le mélange dans un mixeur. Ajoutez-y les fèves et 25 cl d'eau, réduisez en purée. Remettez la purée dans la casserole. Versez le fond de volaille, mélangez et portez la soupe à ébullition. Ajoutez le sel et du poivre, selon le goût. Répartissez la soupe entre quatre bols, garnissez éventuellement avec des tranches de pomme et saupoudrez de persil haché.

Pour 4 personnes

CALORIES par personne	135
64 % de glucides	22 g
11 % de protéines	4 g
25 % de lipides	4 g
CALCIUM	45 mg
FER	2 mg
SODIUM	173 mg

Sandwich aux haricots, chou et pomme

SANDWICH AUX HARICOTS, CHOU ET POMME

Ce sandwich original est pauvre en lipides, riche en glucides et en protéines dépourvues de cholestérol. Il contient également de la vitamine C.

45 g de chou rouge, émincé

2 tranches de bacon entrelardé, coupées en dés

90 g d'oignon, coupé en dés

2 gousses d'ail, écrasées

1½ c. à c. de gingembre frais, râpé

300 g de tomates en conserve, hachées, avec leur jus

2 c. à s. de mélasse

1 c. à c. de vinaigre de vin rouge

200 g de cocos rosés, cuits

¾ de c. à c. de jus de gingembre (*voir page 84*)

1 c. à s. de moutarde de Dijon

1 pomme, petite, évidée, finement émincée

2 petits pains complets, coupés en deux

Faites blanchir le chou dans l'eau bouillante pendant 2 mn; égouttez-le, rafraîchissez-le et mettez-le dans une jatte. Dans une poêle, faites cuire le bacon à feu moyen 6 mn environ, jusqu'à ce qu'il soit croustillant. Ne gardez que 2 c. à c. de gras. Mettez dans la poêle l'oignon, l'ail, le gingembre et faites cuire de 6 à 7 mn, jusqu'à ce que l'oignon soit tendre. Ajoutez les tomates et leur jus, la mélasse et le vinaigre, cuisez 15 mn jusqu'à ce que le mélange ait légèrement épaissi. Mettez alors les haricots, continuez la cuisson 5 mn en ajoutant quelques c. à s. d'eau si le mélange devient trop sec. Mélangez le jus de gingembre et la moutarde, réservez. Mélangez la pomme et le chou. Étalez la mixture gingembre-moutarde sur la moitié inférieure de chaque petit pain, recouvrez d'une couche de chou et de pomme, puis de haricots. « Refermez » chaque sandwich. Pour 2 personnes

CALORIES par personne	485
75 % de glucides	95 g
15 % de protéines	20 g
10 % de lipides	5 g
CALCIUM	211 mg
FER	7 mg
SODIUM	770 mg

SALADE DE LENTILLES ET DE ROQUETTE AUX ORANGES

Les lentilles sont l'une des meilleures sources de fer. Cette salade contient aussi beaucoup de vitamine C.

CALORIES par personne	340
63 % de glucides	56 g
17 % de protéines	15 g
20 % de lipides	8 g
CALCIUM	188 mg
FER	4 mg
SODIUM	38 mg

100 g de lentilles d'Égypte

1 gousse d'ail, épluchée

½ petit oignon

½ c. à c. de curcuma

2 oranges, en quartiers

90 g d'oignon rouge, émincé

2 c. à s. de menthe fraîche hachée

1 c. à c. de vinaigre de vin rouge, balsamique de préférence

2 c. à c. d'huile d'olive

1 c. à c. d'huile de noix

6 c. à s. de jus d'orange

2 c. à c. de jus de gingembre

175 g de roquette ou de cresson

Dans une casserole, mélangez les lentilles, l'ail, l'oignon et le curcuma. Recouvrez d'eau et portez à ébullition à feu vif. Réduisez le feu et laissez frémir de 7 à 10 mn, jusqu'à ce que les lentilles soient tendres. Égouttez-les ; retirez l'ail et l'oignon. Mettez les lentilles dans un bol. Ajoutez les oranges, l'oignon rouge et la menthe, mélangez. Pour l'assaisonnement, battez dans un bol le vinaigre, les 2 huiles, les jus d'orange et de gingembre. Versez sur les lentilles, mélangez. Disposez les feuilles de roquette sur deux assiettes, garnissez de salade. Pour 2 personnes

Note : pour obtenir le jus de gingembre, pelez et râpez la racine de gingembre frais et pressez-la dans la main. Un morceau de gingembre de 6 cm fournit environ 2 c. à c. de jus.

VINAIGRETTE DE HARICOTS BLANCS

Les haricots contiennent deux fois plus de protéines que les céréales et sont une source importante de vitamines B et de fer. Cette salade fournit plus que vos besoins quotidiens en thiamine.

175 g de lingots secs, trempés toute la nuit et égouttés

1 feuille de laurier

½ c. à c. de sel

2 c. à s. d'olives noires, coupées en tranches

3 grosses tomates olivettes, pelées, épépinées grossièrement hachées

2 c. à s. de ciboules, hachées

2 c. à s. de vinaigre de vin rouge

1 c. à c. d'huile d'olive

3 c. à s. de fond de volaille, peu salé

2 gousses d'ail, écrasées

3 c. à s. de parmesan, râpé

¼ de c. à c. de poivre noir

Mettez les lingots dans une casserole, recouvrez-les de 5 cm d'eau, amenez à ébullition à feu moyen. Laissez bouillir 10 mn. Baissez le feu, ajoutez la feuille de laurier et le sel, couvrez et laissez frémir 1 h ½ en ajoutant de l'eau au besoin pour que les lingots ne se dessèchent pas.

Égouttez les lingots une fois cuits. Ôtez la feuille de laurier et mettez les lingots dans un saladier. Ajoutez les olives, les tomates et les ciboules ; réservez. Pour l'assaisonnement, battez dans un petit bol de vinaigre, l'huile, le fond de volaille, l'ail, le parmesan et le poivre. Versez cette sauce sur les lingots encore chauds, mélangez bien. Servez à température ambiante.

Pour 6 personnes

CALORIES par personne	165
61 % de glucides	26 g
24 % de protéines	10 g
15 % de lipides	3 g
CALCIUM	100 mg
FER	3 mg
SODIUM	267 mg

GRATINÉE DE HARICOTS AU BACON

Les haricots, dans une portion de ce plat nourrissant — variante de la gratinée traditionnelle — fournissent environ 15 % de vos besoins journaliers en magnésium, nécessaire au bon état de votre musculature.

3 tranches de bacon entrelardé

175 g d'oignons, hachés

100 g de carottes, râpées

1½ c. à c. de thym frais, finement haché, ou ½ c. à c. de thym séché

25 cl de sauce tomate

1 c. à s. de concentré de tomates

4 c. à c. de miel

375 g de haricots blancs cocos, cuits (200 g, crus)

60 g de chapelure, fraîche

Préchauffez le four à 150° (thermostat 2). Faites cuire le bacon dans une poêle, à feu moyen pendant 6 mn, jusqu'à ce qu'il soit croustillant. Retirez-le de la poêle, effritez-le ; réservez. Ne gardez dans la poêle que 4 c. à c. de graisse, augmentez le feu, ajoutez oignon, carotte et thym. Couvrez, faites cuire 10 mn environ, en remuant de temps en temps. Versez dans une jatte. Ajoutez le bacon, la sauce tomate et le concentré, le miel et 17,5 cl d'eau, remuez le tout pour obtenir un mélange onctueux. Versez-y les haricots. Parsemez d'une c. à c. de chapelure le fond de 4 plats individuels ou de ramequins d'une contenance de 30 cl, allant au four. Répartissez les haricots assaisonnés dans chacun des plats, garnissez le dessus avec le restant de chapelure. Faites cuire au four 45 mn environ, jusqu'à ce que tout soit bouillonnant et bien doré. Attendez 5 mn avant de servir. Pour 4 personnes

CALORIES par personne	290
62 % de glucides	46 g
16 % de protéines	12 g
22 % de lipides	7 g
CALCIUM	99 mg
FER	4 mg
SODIUM	549 mg

TOURTE AUX LÉGUMES

Des études montrent que les fibres hydrosolubles, telles celles que l'on trouve dans les haricots secs, abaissent le taux de cholestérol dans le sang, ce qui peut diminuer les risques d'athérosclérose.

CALORIES par personne	315
63 % de glucides	51 g
17 % de protéines	14 g
20 % de lipides	7 g
CALCIUM	169 mg
FER	4 mg
SODIUM	958 mg

275 g de haricots noirs, cuits (135 g, crus)
25 cl de sauce tomate
2 c. à s. de concentré de tomates
175 g d'oignons, hachés
¼ de c. à c. d'origan séché
¾ de c. à c. de sel

Poivre noir
500 g de pommes de terre bouillies, écrasées
60 g de mozzarella maigre, râpée
2 c. à s. de fromage blanc maigre
15 g de beurre, ramolli

Mélangez dans une casserole les haricots, la sauce et le concentré de tomates, l'oignon, l'origan, 4 c. à s. d'eau, ¼ de c. à c. de sel et le poivre (selon votre goût). Portez à ébullition à feu moyen. Baissez le feu, couvrez, laissez frémir 20 mn, jusqu'à ce que le liquide épaississe et que l'oignon devienne transparent. Étalez le mélange dans un plat à gratin de 1,5 litre, réservez, laissez refroidir.

Préchauffez le four à 180° (thermostat 4). Mettez les pommes de terre écrasées dans un grand bol. Ajoutez la mozzarella, le fromage blanc, le beurre, la ½ c. à c. de sel restante, le poivre, battez le tout pour bien mélanger. Étalez uniformément ce mélange sur les haricots. Striez le dessus à l'aide d'une fourchette, faites cuire le gratin 45 mn, ou le temps que le dessus soit bouillonnant et doré.   Pour 4 personnes

LENTILLES ET POIS CASSÉS AUX ÉPICES

Les plats à base de légumineuses, comme celui-ci, inspirés de plats indiens mariant riz et légumes secs, comblent bien l'appétit car ils se digèrent lentement.

150 g de riz complet
2 c. à s. de fond de volaille, peu salé
175 g d'oignons hachés
2 gousses d'ail, écrasées
250 g de pois cassés jaunes, cuits (100 g, crus)
250 g de lentilles, cuites

(100 g, crus)
2 c. à c. de cumin, moulu
1 c. à c. de coriandre, moulue
1 c. à c. de curcuma
¾ de c. à c. de sel
¼ de c. à c. de poivre noir
300 g de petits pois surgelés
12,5 cl de yogourt maigre nature

CALORIES par personne	395
74 % de glucides	73 g
21 % de protéines	21 g
5 % de lipides	2 g
CALCIUM	135 mg
FER	6 mg
SODIUM	517 mg

Portez à ébullition 35 cl d'eau dans une casserole. Versez-y le riz, baissez le feu, couvrez et laissez cuire 40 mn, jusqu'à ce que l'eau soit absorbée. Retirez la casserole du feu, réservez. Mélangez le fond de volaille, l'oignon et l'ail dans une grande casserole, faites cuire à feu moyen 3 mn. Ajoutez les pois cassés, les lentilles, le cumin, la coriandre, le curcuma, le sel, le poivre et 15 cl d'eau. Réduisez le feu à doux, couvrez et faites cuire pendant 10 mn en remuant de temps en temps. Ajoutez les petits pois, faites cuire 5 mn encore. Répartissez le riz dans quatre assiettes, recouvrez du mélange à base de lentilles, ajoutez sur chacune 2 c. à s. de yogourt.   Pour 4 personnes

Haricots noirs aux tomates et patates douces

HARICOTS NOIRS AUX TOMATES ET PATATES DOUCES

Ce mélange fournit environ 25 % de vos besoins quotidiens en fer, important dans la production de globules rouges.

175 g d'oignons, coupés en dés
2 gousses d'ail, écrasées
2 c. à c. d'huile d'olive
½ c. à c. de cumin, moulu
½ c. à c. de poudre de chili
¼ de c. à c. de coriandre, moulue
300 g de tomates en boite,
concassées, avec leur jus
375 g de haricots noirs cuits
(200 g, crus)
150 g de patate douce, bouillie,
coupée en dés
½ c. à c. de sel
Feuilles de coriandre (facultif)

Dans une casserole à fond épais, faites cuire dans l'huile, l'oignon et l'ail, à couvert, et à feu doux, 8 mn environ. Mettez le cumin, le chili et la coriandre, cuisez à découvert, 2 mn encore. Ajoutez les tomates et leur jus, montez le feu, faites cuire à feu moyen 5 mn encore. Ajoutez les haricots, les patates et le sel, réduisez le feu, continuez la cuisson 5 mn en remuant de temps en temps. Avant de servir, garnissez éventuellement de feuilles de coriandre.

Pour 6 personnes

CALORIES par personne	170
71 % de glucides	31 g
17 % de protéines	8 g
12 % de lipides	2 g
CALCIUM	68 mg
FER	3 mg
SODIUM	263 mg

CROQUETTES DE LENTILLES À LA SALADE DE CAROTTES ÉPICÉE

CALORIES par personne (sans la Salade de carottes épicée)	325
58 % de glucides	48 g
19 % de protéines	16 g
23 % de lipides	8 g
CALCIUM	79 mg
FER	4 mg
SODIUM	497 mg

Une portion de lentilles fournit 15 % de vos besoins quotidiens en cuivre, élément nécessaire à la formation des globules rouges et important pour l'assimilation du fer. Cette recette fournit aussi plus de 20 % de vos besoins quotidiens en fer.

500 g de lentilles très cuites et très tendres (200 g, crues)

250 g d'oignons, hachés finement

1 c. à c. d'ail, écrasé

$\frac{1}{2}$ c. à c. de sel

$\frac{1}{4}$ de c. à c. de cumin, moulu

$\frac{1}{4}$ de c. à c. de poudre de curry

$\frac{1}{8}$ de c. à c. de sel de céléri

75 g de chapelure sèche

2 c. à s. d'huile végétale

Salade de carottes épicée *(voir recette suivante)*

Préchauffez le four à 180° (thermostat 4). Mélangez dans un jatte les lentilles, l'oignon, l'ail, le sel, le sel de céleri et les épices. Ajoutez la moitié de la chapelure. Les mains humidifiées, formez 8 croquettes avec le mélange aux lentilles. Étalez le reste de chapelure sur une assiette, roulez-y chaque

Croquettes de lentilles à la salade de carottes épicée

croquette pour bien l'enrober. Faites chauffer l'huile dans une grande cocotte, à feu moyen, jusqu'à ce que l'huile commence à crépiter. Faites frire les croquettes 2 mn de chaque côté jusqu'à ce qu'elles soient croustillantes et dorées. Portez la cocotte au four pendant 20 mn. Servez ces croquettes accompagnées de Salade de carottes épicée.   Pour 4 personnes

SALADE DE CAROTTES ÉPICÉE

Cette salade inspirée de la cuisine indienne est un mélange de yogourt, d'épices et de légumes hachés.

125 g de carottes, râpées
12,5 cl de yogourt maigre nature
60 g de ciboules, émincées
1 c. à s. de miel

1½ c. à s. d'huile d'olive
½ c. à c. d'ail, écrasé
½ c. à c. de piment rouge
Poivre noir selon le goût.

CALORIES par personne	65
59 % de glucides	10 g
12 % de protéines	2 g
29 % de lipides	2 g
CALCIUM	68 mg
FER	traces
SODIUM	30 mg

Mélangez bien tous les ingrédients dans un petit saladier. Mettez cette salade au réfrigérateur jusqu'au moment de servir.   Pour 4 personnes

RAGOÛT DE POIS CASSÉS AUX BOULETTES DE VIANDE ÉPICÉES

CALORIES par personne	400
57 % de glucides	59 g
17 % de protéines	17 g
26 % de lipides	12 g
CALCIUM	64 mg
FER	3 mg
SODIUM	457 mg

Si le bœuf haché fournit à lui seul des protéines complètes, il est aussi riche en lipides et en cholestérol. Cette recette roborative utilise moins de viande que les recettes classiques de ragoût de bœuf ou de mouton mais comporte beaucoup de légumes d'hiver nourrissants, et des pois cassés, source complémentaire de protéines riches en fibres.

125 g de bœuf haché

175 g d'oignons, hachés

4 c. à s. de chapelure

½ c. à c. de piment rouge en paillettes

¼ de c. à c. de graines de fenouil, écrasées

¼ de c. à c. de romarin séché, écrasé

¼ de c. à c. de sel de céleri

2 c. à s. d'huile d'olive

125 g de carottes, râpées

400 g de pois cassés verts, cuits (200 g, crus)

300 g de panais, coupé en dés, cuits

250 g de pommes de terre, pelées, bouillies, coupées en dés

1 c. à s. de miel

½ c. à c. de sel

Poivre noir

Préchauffez le four à 180° (thermostat 4). Mélangez dans une jatte le bœuf haché, 45 g d'oignon, la chapelure, le piment, le fenouil, le romarin et le sel de céleri. Travaillez ce mélange rapidement pour que la viande ne durcisse pas. Versez 2 c. à s. d'eau. Faites 8 boulettes, mettez-les dans un plat allant au four et enfournez-les 15 mn environ, le temps qu'elles dorent. Réservez.

Dans une grande casserole, faites chauffer l'huile à feu moyen. Faites sauter l'oignon restant et les carottes de 3 à 5 mn, jusqu'à ce que les légumes soient presque cuits. Ajoutez les pois cassés, le panais, les pommes de terre, le miel, le sel, du poivre et 50 cl d'eau. Remuez. Mettez alors les boulettes, augmentez le feu à moyen, portez le ragoût à ébullition. Réduisez à feu presque doux, couvrez et laissez frémir de 20 à 30 mn, jusqu'à ce que la sauce ait légèrement épaissi.

Pour 4 personnes

Après avoir retiré les pois décolorés et les débris, mettez les pois cassés dans un bol, couvrez-les d'eau froide ; retirez ceux qui flottent à la surface.

Égouttez-les dans une passoire, rincez-les à l'eau courante, froide. Il est inutile de faire tremper les pois cassés avant la cuisson.

Mettez-les à bouillir à feu moyen. Avec une écumoire ou une cuillère, retirez l'écume qui monte en surface, baissez le feu et écumez à nouveau si besoin est.

RAGOÛT DE POIS CHICHES AUX FÈVES

Les pois chiches contiennent de l'acide folique, une vitamine B nécessaire à la production des globules rouges.

350 g de pois chiches cuits
  (200 g, crus)
300 g de fèves congelées et
  décongelées
350 g d'aubergines, coupées en
  dés de 5 mm
12,5 cl de fond de volaille, peu salé
90 g d'oignon, haché
2 gousses d'ail, écrasées

2 c. à s. de gingembre frais, râpé
1 c. à s. de farine complète
3 petites tomates olivettes, pelées,
  épépinées, hachées
1 c. à c. de cumin, moulu
½ c. à c. de sel
⅛ de c. à c. de poivre de Cayenne
2 c. à s. de coriandre fraîche,
  hachée

CALORIES par personne	190
71 % de glucides	34 g
21 % de protéines	10 g
8 % de lipides	2 g
CALCIUM	87 mg
FER	3 mg
SODIUM	229 mg

Préchauffez le four à 180° (thermostat 4). Dans une cocotte de 2 litres, mélangez les pois chiches, les fèves, l'aubergine et 25 cl d'eau ; réservez. Chauffez, dans une poêle, 3 c. à s. de fond de volaille, à feu moyen. Ajoutez l'oignon et l'ail, faites cuire 2 mn, ajoutez le gingembre, continuez la cuisson 2 mn encore. Mettez alors la farine, continuez la cuisson en tournant pendant 1 mn. Ajoutez le reste de fond de volaille, les tomates, le cumin, le sel et le poivre de Cayenne, faites cuire encore 1 mn en tournant toujours. Versez le mélange dans la cocotte, couvrez d'une feuille d'aluminium et faites cuire au four 1 h. Saupoudrez le dessus du ragoût de coriandre, servez.

Pour 6 personnes

SALADE DE HARICOTS ROGNONS DE COQ AU THON

Les haricots secs, dont les haricots rouges rognons de coq utilisés dans cette recette, sont parmi les produits les plus naturels que l'on trouve dans le commerce.

275 g de haricots rouges rognons
  de coq, cuits (90 g, crus)
200 g de thon au naturel, égoutté
  et émietté
75 g de poivron rouge, en dés
30 g de feuilles de persil plat,
  hachées
2 c. à s. de coriandre fraîche,
  hachée

60 g de céleri en branches, coupé
  en dés
4 c. à s. de jus de citron
3 c. à s. de fond de volaille,
  peu salé
2½ c. à c. d'ail, écrasé
¼ de c. à c. de tabasco
⅛ de c. à c. de sel
⅛ de c. à c. de poivre noir

CALORIES par personne	105
52 % de glucides	14 g
43 % de protéines	11 g
5 % de lipides	1 g
CALCIUM	39 g
FER	2 mg
SODIUM	174 mg

Mettez les haricots dans un grand bol. Ajoutez le thon, le poivron, le persil, le coriandre et le céleri, mélangez bien. Pour l'assaisonnement, mettez dans un petit bol le jus de citron, le fond de volaille, l'ail, le tabasco, le sel et le poivre. Versez cette sauce sur les haricots au thon, mélangez doucement. Laissez à température ambiante une heure avant de servir pour permettre aux arômes de s'épanouir.

Pour 6 personnes

Chapitre Six

Poissons et coquillages

Riches en protéines et en sels minéraux, contenant des lipides sains

Les produits de la mer sont une merveilleuse source de protéines — la plupart des variétés en contiennent au moins 75 % — ainsi que de sels minéraux et de vitamines B. Les poissons renferment généralement assez peu de lipides bien que, chez certains, le taux de lipides avoisine celui des viandes maigres. Mais, dans le poisson, les graisses, souvent sous forme d'huile, sont hautement polyinsaturées alors que celles de la viande sont largement saturées. En fait, l'huile des poissons contient un groupe d'acides gras polyinsaturés, uniques en leur genre, appelés acides omega-3 qui semblent offrir un double avantage : non seulement ils abaissent les taux de LDL (lipoprotéines à basse densité), agents de concentration du cholestérol dans les artères, mais ils relèvent les taux de HDL (lipoprotéines à haute densité), agents diluants du cholestérol dans les artères. Une étude a fait apparaître une relation plutôt rassurante entre la consommation de poisson et les maladies cardiaques. Plus on consomme de poisson, plus les risques d'accidents cardiaques sont faibles. Une recherche plus poussée montre que cet état de chose n'a rien à voir avec le poids, le stress et l'activité physique. L'huile de poisson aide à prévenir le durcissement des artères en fluidifiant le sang, l'empêchant ainsi de coller aux parois des vaisseaux sanguins, et réduisant donc les risques de formation de caillots. Enfin, l'huile de poisson est riche en vitamines A et D.

Des chercheurs ont découvert que plus le taux de lipides des produits de la mer est élevé, moins il existe de risques cardio-vasculaires. Et plus la chair d'un poisson est foncée, plus elle contient d'huile. Font partie des poissons gras — ceux qui contiennent de 5 à 20 % de graisse — les poissons des grands fonds, tels que le thon, l'espadon (leur chair grasse les protégeant des eaux froides) ainsi que l'anchois, le hareng, le maquereau, le saumon et la sardine. Ceux dont le taux de graisse se situe entre 2 et 5 % englobent le bar, la dorade, le flétan, la perche, le lieu, la rascasse, la raie, la limande-sole et l'éperlan. Les poissons maigres, qui contiennent moins de 2 % de graisses, regroupent les poissons plats comme le carrelet et la sole.

Bien que les fruits de mer aient longtemps été considérés comme riches en cholestérol, de nouvelles analyses ont révélé que la plupart d'entre eux contiennent encore moins de cholestérol que les poissons, qui n'en sont déjà pas très riches. Il est prouvé aujourd'hui que les moules, les palourdes et les huîtres, pauvres en cholestérol, sont relativement riches en acides gras omega-3.

Les fruits de mer, surtout les coquillages, sont très riches en sels minéraux, principalement en fer, en calcium, en zinc et en iode. Les poissons de l'Océan sont la meilleure source naturelle d'iode, très importante pour la production d'hormones thyroïdiennes. Les produits de la mer apportent aussi des vitamines B dont la thiamine, la riboflavine et la niacine. (La laitance est particulièrement riche en thiamine et en riboflavine.) Les arêtes comestibles du saumon et des sardines en boîtes sont d'excellentes sources de calcium.

Pour toutes ces raisons, manger du poisson maigre ou gras au moins une fois par semaine est fortement recommandé par les nutritionnistes. Ce qui ne souffre pas de réelle difficulté étant donné la grande variété de poissons et de fruits de mer que l'on trouve sur les marchés et dans les supermarchés. Le poisson frais étant une denrée périssable, son choix est parfois limité. Si vous ne pouvez vous procurer l'espèce spécifique mentionnée dans une recette, remplacez-la par un autre poisson de goût et de consistance similaires. Ne gardez pas un poisson plus de deux jours avant de le cuire. Vous pouvez aussi utiliser du poisson surgelé bien que la technique de congélation le rende moins tendre.

Le type de poisson, la façon dont il est débité, sa teneur en graisse déterminent la meilleure façon de l'accommoder. Les poissons plats sont généralement cuits entiers ou en filets. On peut les préparer grillés, sautés, au four ou à la vapeur ou encore pochés. Les poissons plats étant souvent secs, il est parfois préférable de les cuire en leur adjoignant de la matière grasse. Utilisez, pour ce faire, une huile végétale poly- ou monoinsaturée.

Les poissons gras peuvent être préparés entiers, en filets ou en darnes. Bien que ces poissons puissent être cuisinés de la même façon que les poissons plats, il vaut mieux ne pas les faire sauter, leur chair étant suffisamment riche pour se passer de beurre ou d'huile.

Les fruits de mer tels que praires, moules, palourdes, coquilles Saint-Jacques, coques, crevettes, peuvent être cuits à la vapeur, bouillis, grillés ou sautés. D'autres plus grands et plus moelleux comme les gambas et le homard seront aussi cuits au four. Si vous aimez les fruits de mer crus, achetez-les chez le poissonnier plutôt que de procéder à la cueillette sauvage, les produits ainsi récoltés risquant d'être pollués.

Conseils d'achat et de stockage

◆ Vérifiez la fraîcheur du poisson avant l'achat. Les poissons entiers doivent avoir une chair ferme et élastique au toucher, des écailles bien serrées, des ouïes rouges, des yeux brillants. Filets et darnes doivent être humides et transparents. Les poissons doivent dégager un odeur fraîche de marée, et non de poisson.

◆ Si vous achetez un poisson entier, prévoyez une livre par personne ; 350 g seulement lorsque le poisson est paré (nettoyé, tête et queue retirées) ; 150 à 250 g en filets ou en darnes. Gardez le poisson enveloppé d'une feuille plastique, pas trop serrée, dans la partie la plus froide du réfrigérateur.

◆ Si vous achetez du poisson surgelé, assurez-vous qu'il est entièrement recouvert d'un emballage étanche. Sa chair doit être ferme, inodore. Rejetez tout emballage déformé, déchiré ou contenant du sang. Vous pouvez conserver le poisson gras surgelé à −17°C pendant trois mois, et le poisson maigre pendant plus de six mois.

◆ Les fruits de mer ne provenant pas d'élevage sont parfois contaminés par des bactéries toxiques et des virus. Évitez donc de procéder à la cueillette sauvage, achetez plutôt vos fruits de mer chez un poissonnier de confiance.

Notez, par ailleurs, que les fruits de mer insuffisamment cuits peuvent être dangereux pour la santé.

Toutefois, pour préserver leur goût et leur consistance, ainsi que leurs éléments nutritifs, ne laissez pas cuire les fruits de mer trop longtemps. Ayant peu de tissu conjonctif, le poisson cuit rapidement. Une cuisson à feu modéré est ce qui lui convient le mieux. Le poisson est cuit lorsque sa chair devient opaque, se détache des arêtes et s'émiette facilement quand une fourchette est piquée à l'endroit le plus épais. Pour cuire un poisson entier, en filets ou en darnes, le meilleur moyen est de compter 10 minutes pour une épaisseur de $2^1/_2$ cm, à l'endroit le plus épais. (Les filets minces cuisent plus rapidement et nécessitent plus d'attention.) Comptez le double de temps pour le poisson surgelé. Les fruits de mer tels que crevettes et coquilles Saint-Jacques sont cuits dès qu'ils ne sont plus translucides ; les palourdes, les moules et autres coquillages, lorsque leurs coquilles s'ouvrent.

On peut aussi, avec un peu d'imagination, utiliser du poisson en conserve. Achetez des conserves au naturel plutôt qu'à l'huile qui contiennent deux fois plus de calories. Si, toutefois, vous en utilisez, jetez l'huile, rincez le poisson à l'eau courante pour diminuer l'excédent de calories. Que le poisson soit conservé au naturel ou à l'huile, le rinçage élimine, en outre, le sel rajouté lors de la mise en boîte et qui multiplie par 4 ou 10 la teneur en sel du poisson frais.

On ne doit pas limiter les produits de la mer aux seuls plats principaux, mais les utiliser en hors-d'œuvre, salades et plats d'accompagnement, à partir des recettes qui suivent. Combiner fruits de mer avec légumes et pâtes élargit l'éventail des plats originaux et savoureux que l'on peut confectionner.

RAGOÛT DE FRUITS DE MER

Cent grammes de chair de homard apportent moins de cholestérol qu'un œuf. De plus, le homard est riche en potassium, qui aide à maintenir l'équilibre des éléments fluides dans l'organisme.

CALORIES par personne	305
44 % de glucides	34 g
37 % de protéines	28 g
19 % de lipides	6 g
CALCIUM	149 mg
FER	7 mg
SODIUM	496 mg

2 c. à s. d'huile d'olive

2 gousses d'ail, écrasées

175 g d'oignons, hachés

125 g de céleri, haché

600 g de pommes de terre, coupées en tranches

1 c. à c. de filaments de safran

2 c. à s. de basilic frais haché, ou 2 c. à c. de basilic séché

1 c. à c. de thym séché

½ c. à c. de piment rouge en paillettes

25 cl de vermouth sec

1,100 kg de tomates olivettes en conserve, avec leur jus

1 homard de 600 g, cuit et découpé en médaillons de 4 cm

12 clams de taille moyenne

500 g de filet de cabillaud, coupé en morceaux de 4 cm

Faites chauffer l'huile dans une sauteuse, à feu moyen. Mettez l'ail et l'oignon et laissez cuire environ 5 mn. Ajoutez ensuite céleri, pommes de terre, safran, basilic, thym, piment rouge, vermouth et tomates avec leur jus ; mélangez bien. Portez à ébullition, puis réduisez le feu et laissez mijoter, à couvert, pendant 15 mn. Ajoutez les clams, laissez cuire 10 mn encore, puis le homard et le cabillaud en poursuivant la cuisson 10 mn.   Pour 6 personnes

Note : vous pouvez remplacer le homard cuit par de la lotte crue (mais ajoutez-la au ragoût en même temps que les clams), les clams par des moules et le cabillaud par du flétan.

Malgré la vogue des régimes amaigrissants basés sur une forte consommation de protéines, il n'est pas prouvé que le fait de manger une grande quantité d'aliments riches en protéines contribue à long terme à faire perdre du poids. Quels que soient les aliments dont vous vous nourrissez, si vous absorbez plus de calories que vous n'en dépensez, les calories en excédent seront transformées en graisse.

PÂTES AUX ÉPINARDS ET AUX CLAMS

Les clams sont une excellente source d'iode, nécessaire à la régulation de l'énergie à l'intérieur des cellules musculaires.

250 g d'oignons, finement hachés

2 gousses d'ail, écrasées

12,5 cl de vin blanc ou de vermouth sec

175 g de pâtes en «coquilles»

2 douzaines de clams, décoquillés, hachés, leur eau réservée

350 g d'épinards, blanchis et hachés

4 c. à s. de fond de volaille, peu salé

2 c. à s. de jus de citron

2 c. à c. d'huile d'olive

¼ de c. à c. de zeste de citron râpé

¼ de c. à c. de sel

⅛ de c. à c. de piment rouge en paillettes

Mettez une casserole d'eau à bouillir. Dans une poêle anti-adhésive, faites cuire oignons et ail dans le vin à feu moyen et à couvert, pendant 10 mn, ou le temps que les oignons soient tendres. Pendant ce temps, plongez les pâtes dans l'eau bouillante et faites-les cuire *al dente* selon les instructions de l'emballage, égouttez-les et remettez-les dans la casserole pour les tenir au chaud. Ajoutez les clams, sans leur eau, dans la poêle et laissez cuire 3 mn environ, en remuant, jusqu'à ce qu'elles soient tendres. Versez le contenu de la poêle sur les pâtes et amalgamez. Ajoutez l'eau réservée des clams ainsi que le reste des ingrédients, mélangez bien et servez.   Pour 4 personnes

CALORIES par personne	275
64 % de glucides	43 g
24 % de protéines	16 g
12 % de lipides	4 g
CALCIUM	122 mg
FER	9 mg
SODIUM	343 mg

◁ *Ragoût de fruits de mer*

SALADE DE CHOU AUX SAINT-JACQUES

Les coquilles Saint-Jacques sont très riches en fluor, sel minéral qui préserve la solidité des dents et des os et qui aide à prévenir les caries.

250 g de chou rouge, coupé en
  lanières
100 g de poivrons vert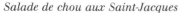, coupés
  en julienne
125 g de carottes, râpées
1 petit concombre, pelé et émincé
165 g de céleri, haché
1 ½ c. à c. de sel

1 c. à c. de graines de céleri
¼ de c. à c. de poivre blanc
2 c. à c. d'huile d'olive
4 c. à s. de vinaigre de vin rouge
4 c. à s. de vermouth sec
125 g de noix de coquilles
  Saint-Jacques, coupées en deux
  si elles sont grosses

CALORIES par personne	130
56 % de glucides	20 g
23 % de protéines	8 g
21 % de lipides	3 g
CALCIUM	109 mg
FER	3 mg
SODIUM	953 mg

Mettez le chou, le poivron, les carottes, le concombre et le céleri dans une grande terrine. Salez, mélangez bien et laissez en attente pendant 30 mn, jusqu'à ce que le chou ait ramolli. Ajoutez les graines de céleri, le poivre, l'huile et le vinaigre, mélangez bien et réservez. Au moment de servir, faites chauffer le vermouth dans une casserole et ajoutez les coquilles Saint-Jacques; laissez cuire 30 s. Disposez les Saint-Jacques sur la salade de chou, arrosez du jus de cuisson et servez.   Pour 4 personnes

Salade de chou aux Saint-Jacques

SOUPE DE CABILLAUD AUX LÉGUMES

Apportant peu de lipides et peu de calories, la cabillaud est une source de protéines facilement assimilables.

½ tranche mince de bacon entrelardé
1 petit oignon, grossièrement haché
75 cl de fumet de poisson
12,5 cl de vin blanc
150 g de navets, en julienne
60 g de carottes, en julienne
60 g de poivron vert, en julienne
2 feuilles de laurier
⅛ de c. à c. de thym séché

150 g de pommes de terre,
  coupées en dés
165 g de maïs en grains, surgelé
1½ c. à c. de farine de maïs
200 g de filets de cabillaud,
  coupés en morceaux
12,5 cl de lait concentré écrémé
12,5 cl de crème fleurette
60 g de petits crackers

CALORIES par personne	155
53 % de glucides	21 g
25 % de protéines	10 g
22 % de lipides	4 g
CALCIUM	85 mg
FER	1 mg
SODIUM	387 mg

Dans une casserole de 2 litres, faites sauter le bacon et l'oignon à feu moyen pendant 4 mn. Ajoutez le fumet de poisson et le vin, portez le mélange à ébullition. Ajoutez navets, carottes, poivron, laurier et thym, réduisez le feu et laissez frémir 10 mn. Mettez les pommes de terre et laissez frémir à nouveau 15 mn. Incorporez le maïs. Délayez la farine de maïs dans 2 c. à c. d'eau froide et versez-la dans la soupe. Portez à ébullition, puis réduisez le feu et laissez frémir 1 mn. Mettez le poisson et laissez frémir 1 mn encore. Liez avec le lait et la crème et laissez cuire jusqu'à ce que la soupe soit chaude. Ôtez le laurier et servez avec des crackers. **Pour 8 personnes**

PÂTES AUX CREVETTES
À LA SAUCE TOMATE ET À LA MENTHE

Grâce aux crevettes, ce plat fournit 50 % de la ration quotidienne de fer nécessaire à un homme et plus d'un tiers de celle nécessaire à une femme.

4 c. à s. de fond de volaille,
  peu salé
250 g de fenouil, coupé en julienne
250 g d'oignons, finement hachés
1 gousse d'ail, écrasée
800 g de tomates olivettes en
  conserve, avec leur jus

125 g de petites crevettes crues,
  décortiquées (18 environ)
250 g de penne (grosses pâtes
  italiennes) cuites, rincées et
  soigneusement égouttées
60 g de menthe fraîche, hachée
Sel et poivre

CALORIES par personne	305
73 % de glucides	56 g
21 % de protéines	16 g
6 % de lipides	2 g
CALCIUM	131 mg
FER	5 mg
SODIUM	429 mg

Pour faire la sauce tomate, mélangez fond de volaille, fenouil, oignon et ail dans une poêle anti-adhésive et laissez cuire 5 mn, en remuant de temps en temps. Mettez les tomates et leur jus dans un mixeur, réduisez en purée; ajoutez cette purée dans la poêle. Montez le feu et faites cuire 15 mn environ, jusqu'à ce que la sauce ait légèrement épaissi. Pendant ce temps, mettez de l'eau à bouillir dans une casserole et faites cuire les crevettes 4 mn. Égouttez-les, rafraîchissez-les à l'eau froide et égouttez-les à nouveau. Réservez quatre crevettes pour la garniture et hachez les autres.

Mettez les penne dans une terrine, ajoutez les crevettes hachées et la sauce tomate; mélangez bien. Ajoutez la menthe, le sel et le poivre; mélangez une nouvelle fois. Répartissez les penne dans quatre bols, garnissez avec les crevettes réservées et servez. **Pour 4 personnes**

TERRINE DE POISSON TRICOLORE

La plupart des terrines sont faites avec de la crème. Ici, l'adjonction de purée de riz et de ricotta maigre donne de l'onctuosité tout en réduisant énormément la quantité de lipides et l'apport de calories.

4 ciboules moyennes	2 c. à c. de jus de citron
125 g de champignons, émincés	1½ c. à c. de sel
250 g de filets de sole	¼ de c. à c. de thym séché
125 g de crevettes roses, décortiquées	¼ de c. à c. de sauge séchée
250 g de riz blanc long grain, cuit (90 g poids sec)	1 pincée de noix muscade, râpée
175 g de ricotta maigre, égouttée	1 poivron rouge moyen, grillé et pelé *(voir page 40)*
1 œuf entier, plus 2 blancs	90 g d'épinards surgelés et décongelés
1 c. à c. de xérès	500 g de pain de campagne

Préchauffez le four à 180° (thermostat 4). Faites bouillir une casserole d'eau. Coupez les tiges vertes des ciboules et faites-les blanchir 2 mn dans l'eau bouillante en même temps que six lamelles de champignons; égouttez-les. Coupez les tiges en tronçons de 7,5 cm et émincez-les dans le sens de la longueur; réservez. Dans un mixeur, broyez finement les blancs de ciboules et le reste des champignons. Transférez le mélange dans une petite poêle anti-adhésive et faites-le suer à sec, à feu assez vif, pendant 5 mn: remettez-le dans le mixeur en ajoutant la sole et les crevettes. Réduisez en purée en mixant pendant 30 s, transférez dans une grande terrine et réservez. Dans un mixeur, mettez successivement le riz, la ricotta, l'œuf entier, les blancs d'œufs, le xérès, le jus de citron, le sel, le thym, la sauge et la noix muscade. Broyez 2 mn pour rendre le mélange crémeux. Ajoutez la purée de poisson et mixez à nouveau 20 s; versez dans une grande terrine.

Chemisez un moule à cake de 20 cm sur 10 d'une feuille d'aluminium légèrement graissée. Coupez le poivron rouge en lanières de 5 mm sur 7,5 cm. Étalez sur le fond du plat les lamelles de champignons blanchies, recouvrez-les délicatement d'un tiers de la purée de poisson et lissez la surface avec une spatule en plastique *(voir ci-contre)*. Disposez verticalement quatre lanières de poivron grillé sur les côtés longs du moule, en les intercalant avec les lanières de ciboules blanchies. Dans un mixeur, mélangez le reste du poivron avec le second tiers de purée de poisson et broyez jusqu'à homogénéité. Étalez dans le moule en lissant avec la spatule. Broyez les épinards et le reste de purée de poisson dans le mixeur et ajoutez cette préparation dans le moule en lissant à nouveau la surface.

Recouvrez la terrine d'une double épaisseur de papier d'aluminium. Placez-la dans un grand plat à four, versez 5 cm d'eau chaude dans celui-ci et mettez au four pendant 1 h ¼. Vérifiez la cuisson avec un cure-dents. Ôtez la terrine du bain-marie. Si vous désirez la servir chaude, laissez-la reposer 20 mn avant de la démouler sur un plat. Si vous la servez froide, posez un poids sur la surface et laissez refroidir dans le moule avant de la mettre au réfrigérateur 6 h au moins, ou toute la nuit. Découpez la terrine et servez-la avec le pain détaillé en 16 tranches. Pour 8 personnes

Note: cette recette nécessite impérativement l'utilisation d'un mixeur; elle ne peut être faite ni au batteur ni à la main.

L a levure de bière est très riche en vitamines B et en sels minéraux. De surcroît, deux cuillères à soupe de cette levure contiennent plus de protéines qu'un œuf sans apporter de cholestérol. Elle fournit également très peu de calories et de sodium. Cependant, la levure en poudre a un goût prononcé qui ne plaît pas toujours. En la mélangeant à un autre aliment (de préférence à une soupe de légumes ou à des jus de fruit ou de légumes ayant une saveur caractéristique tels que les jus de tomate, de raisin ou d'ananas), on peut en masquer le goût.

CALORIES par personne	300
60 % de glucides	44 g
25 % de protéines	18 g
15 % de lipides	5 g
CALCIUM	126 mg
FER	3 mg
SODIUM	450 mg

Chemisez un moule à cake d'une feuille d'aluminium légèrement graissée. Étalez les lamelles de champignons au fond du moule. Recouvrez-les de ⅓ de la purée de poisson et lissez la surface.

Disposez les lanières de poivron et de ciboule verticalement contre les deux côtés longs du moule. Ajoutez le mélange poivron-purée, puis le mélange épinards-purée et lissez avec la spatule.

Lorsque la terrine est prête, couvrez-la d'une feuille d'aluminium, posez-la dans un plat à four et versez dans celui-ci 5 cm d'eau chaude.

Une fois cuite et démoulée, servez la terrine en la découpant avec un couteau que vous trempez dans l'eau avant de détailler chaque tranche.

SALADE DE LENTILLES ET DE RIZ AU SAUMON

Le saumon est l'une des meilleures sources d'acides gras omega-3. Il semblerait que ces éléments aident à éviter les maladies cardiaques.

CALORIES par personne	465
59 % de glucides	69 g
23 % de protéines	28 g
18 % de lipides	9 g
CALCIUM	236 mg
FER	6 mg
SODIUM	643 mg

300 g de lentilles cuites
(90 g poids sec)
250 g de riz complet cuit
(90 g poids sec)
60 g de ciboules, finement hachées
4 c. à s. de persil frais, haché
2 c. à s. de vinaigre de vin rouge,
de préférence balsamique
1 c. à s. de câpres, égouttées

2 c. à c. d'huile d'olive
¼ de c. à c. de sel
¼ de c. à c. de poivre
⅛ de c. à c. de thym séché
175 g de feuilles de roquette ou
de cresson
100 g de saumon en conserve
30 g de radis, finement émincés

Mettez les lentilles et le riz dans une terrine de taille moyenne. Ajoutez ciboules, persil, vinaigre, câpres, huile, sel, poivre et thym, mélangez bien. Disposez les feuilles de salade sur un plat et recouvrez-les du mélange lentilles et riz. Dans une petite terrine, émiettez le thon et mélangez-le aux radis, puis parsemez-en les lentilles et le riz. Pour 2 personnes

PIZZA PROVENÇALE AUX FRUITS DE MER

La plupart des calories apportées par une pizza classique proviennent des lipides. Celle-ci est pauvre en lipides et riche en glucides.

CALORIES par personne	220
59 % de glucides	32 g
19 % de protéines	10 g
22 % de lipides	5 g
CALCIUM	48 mg
FER	2 mg
SODIUM	284 mg

Pâte à pain :

1 pincée de sucre

250 g de farine de blé dur

1 c. à s. de levure de boulanger

$\frac{1}{2}$ c. à c. de sel

1 c. à c. d'huile d'olive

Garniture :

2 c. à s. d'huile d'olive

1 kg d'oignons, émincés

25 cl de sauce tomate

1 gousse d'ail, écrasée

$\frac{1}{4}$ de c. à c. de sel

1 pincée de thym séché

125 g de crevettes de taille moyenne, décortiquées

125 g de noix de coquilles Saint-Jacques

3 filets d'anchois, coupés en deux

6 petites olives noires

Pour la pâte, faites fondre dans un bol le sucre dans 15 cl d'eau chaude (45°). Mettez la farine, la levure, le sel et l'huile dans un mixeur. Branchez

l'appareil, ajoutez la solution sucrée et mixez pendant 45 s. Transférez la pâte dans un grand sac en plastique et laissez-la lever pendant 25 mn.

Pendant ce temps, préparez la garniture en faisant chauffer $1\frac{1}{2}$ c. à s. d'huile à feu assez doux dans une poêle anti-adhésive. Ajoutez les oignons et laissez-les cuire, à couvert, 25 à 30 mn, en remuant de temps en temps : surveillez la cuisson pendant les 10 dernières minutes. Ôtez-les de la poêle lorsqu'ils sont bien dorés et laissez-les refroidir. Pendant que les oignons cuisent, préparez la sauce. Dans une petite casserole, mélangez la sauce tomate, l'ail, le sel et le thym ; portez à ébullition et laissez mijoter 8 mn ; versez la sauce dans un verre gradué et réservez.

Étendez la pâte au rouleau pour former un cercle de 30 cm de diamètre, déposez-la sur un plat à pizza ou une plaque à four et laissez-la lever dans un endroit chaud 10 mn. Pendant ce temps, faites chauffer dans une poêle la $\frac{1}{2}$ c. à s. d'huile réservée, et faites sauter les crevettes et les coquilles Saint-Jacques à feu assez vif pendant 1 mn. Retirez la poêle du feu et réservez.

Préchauffez le four à 220° (thermostat 7). Étalez les oignons sur la pâte, recouvrez-les de la sauce tomate, puis disposez les fruits de mer et garnissez avec les anchois et les olives. Enfournez la pizza et laissez-la cuire 20 mn. Laissez-la tiédir 5 mn, puis faites-en huit parts et servez.   Pour 8 personnes

ARTICHAUTS FARCIS AUX MOULES À LA ROUILLE

Les moules étant très riches en fer, une portion de ce plat satisfait une bonne partie des besoins en fer de notre organisme.

CALORIES par personne	190
67 % de glucides	32 g
13 % de protéines	6 g
20 % de lipides	4 g
CALCIUM	75 mg
FER	3 mg
SODIUM	262 mg

4 artichauts bretons

4 c. à s. de vin blanc

500 g de moules, lavées et grattées

30 g de mie de pain émiettée

2 poivrons rouges, grillés, pelés et réduits en purée *(voir page 40)*

2 gousses d'ail, écrasées

2 c. à c. de vinaigre de vin rouge

1 c. à s. d'huile d'olive

Sel et poivre

1 pincée de poivre de Cayenne

350 g de pommes de terre nouvelles, bouillies et coupées en cubes de 1 cm

1 grosse orange, pelée et détaillée en quartiers

Faites bouillir 5 cm d'eau dans une casserole juste assez large pour tenir les artichauts bien serrés. Parez les artichauts, mettez-les dans la casserole, couvrez et laissez cuire 40 mn. Retournez-les pour les égoutter.

Mettez le vin et 4 c. à s. d'eau à bouillir dans une casserole à feu assez vif. Ajoutez les moules, couvrez et laissez-les cuire 3 mn jusqu'à ce qu'elles soient ouvertes. Réservez le jus de cuisson et transférez les moules dans une terrine, en rejetant celles qui sont restées fermées. Préparez la rouille : filtrez le jus des moules dans une passoire étamine au-dessus d'une casserole et faites-le bouillir 2 mn, jusqu'à ce qu'il n'en reste que 6 c. à s. Incorporez la mie de pain. Versez le mélange dans un bol en ajoutant la purée de poivrons, l'ail, le vinaigre, l'huile, le sel, le poivre et le Cayenne.

Décoquillez les moules. Dans une terrine, mélangez les moules, les pommes de terre, les quartiers d'orange et la moitié de la rouille. Écartez les feuilles intérieures des artichauts puis arrachez les plus petites pour faire apparaître le foin. Éliminez-le. Posez les artichauts sur des assiettes et garnissez-les de farce. Servez le reste de rouille à part.   Pour 4 personnes

SOUPE DE POISSON AU FENOUIL

Dans cette soupe, le poisson apporte de la niacine, une vitamine B que votre organisme utilise pour transformer les glucides en énergie.

1 c. à s. d'huile d'olive

1 gousse d'ail, écrasée

125 g de carottes, en julienne

125 g de poireaux, émincés

60 g de fenouil, haché

75 g de navets, coupés en julienne

25 cl de fumet de poisson

25 cl de fond de volaille, peu salé

12,5 cl de vermouth sec

1 pincée de piment rouge en paillettes

60 g de soba (nouilles japonaises) ou de linguine, en morceaux

2 c. à c. de pastis

90 g de filets de carrelet, coupés en lanières de 1 cm de large

CALORIES par personne	345
60 % de glucides	49 g
21 % de protéines	16 g
19 % de lipides	8 g
CALCIUM	98 mg
FER	4 mg
SODIUM	603 mg

Faites chauffer l'huile dans une casserole à feu moyen. Mettez l'ail et faites-le revenir 1 mn. Ajoutez les légumes en remuant pour bien les enrober d'huile, puis le fumet de poisson et le fond de volaille, le vermouth et le piment ; portez à ébullition et ajoutez les nouilles. Baissez le feu et laissez cuire la soupe pendant 10 mn. Versez le pastis, ramenez à ébullition et ajoutez le carrelet. Ôtez la casserole du feu et servez.   Pour 2 personnes

Artichaut farci aux moules à la rouille

SALADE DE RIZ ET DE POISSON CRU

Cette salade est très riche en glucides. Dans cette recette, les coquilles Saint-Jacques ne sont pas cuites mais marinées dans le jus de citron, aussi doivent-elles impérativement être de première fraîcheur.

125 g de noix de Saint-Jacques
12,5 cl de jus de citron vert
600 g de riz blanc cuit, refroidi
350 g de tomates-cerises
150 g de poivron rouge, haché
60 g de ciboules, finement hachées
90 g d'oignons rouges, en dés
4 c. à s. de coriandre, hachée
2 c. à s. d'huile végétale

4 c. à s. de fond de volaille,
    peu salé
1 piment rouge ou vert, haché
1 c. à c. de zeste de citron vert,
    râpé
$\frac{1}{4}$ de c. à c. de cumin, moulu
1 c. à c. de sel
Poivre blanc
300 g de chou rouge, en lanières

Mettez les coquilles Saint-Jacques dans une petite terrine et arrosez-les de 4 c. à s. de jus de citron vert; mettez au réfrigérateur 3 h environ, jusqu'à ce la chair des Saint-Jacques soit devenue ferme et opaque.

Égouttez-les et transférez-les dans une grande terrine. Ajoutez le reste du jus de citron vert, le riz, les tomates, le poivron, les ciboules, l'oignon, la coriandre, l'huile, le fond de volaille, le piment, le zeste de citron vert et le cumin. Mélangez. Ajoutez le sel et poivrez selon votre goût. Disposez les lanières de chou sur un plat et recouvrez-les de la salade.   Pour 6 personnes

CALORIES par personne	225
73 % de glucides	41 g
8 % de protéines	4 g
19 % de lipides	5 g
CALCIUM	59 mg
FER	2 mg
SODIUM	382 mg

TOAST AU FROMAGE ET AUX FRUITS DE MER

En réduisant la quantité de fromage, on élimine une grande partie des graisses saturées que renferment les toasts au fromage. Mais cette recette fournit, cependant, un taux appréciable de calcium.

CALORIES par personne	335
45 % de glucides	38 g
26 % de protéines	22 g
29 % de lipides	11 g
CALCIUM	210 mg
FER	3 mg
SODIUM	805 mg

125 g de filets de lotte ou autre poisson blanc

90 g de chair de crabe, surgelée ou en conserve, jus réservé

1 c. à c. d'huile d'olive

2 c. à c. d'échalotes, hachées

12,5 cl de vin blanc

½ poivron rouge, grillé et pelé *(voir page 40)*

90 g de Cheddar vieilli, râpé

4 c. à s. de farine ordinaire

1 c. à c. de moutarde de Dijon

¼ de c. à c. de sel

4 c. à s. de lait demi-écrémé

4 petits pains

16 pointes d'asperges fraîches ou surgelées, blanchies

Coupez le poisson en petits morceaux. Mettez le jus de crabe dans un verre gradué et ajoutez assez d'eau pour obtenir 25 cl de liquide ; réservez. Faites chauffer l'huile sur feu assez doux dans une sauteuse. Ajoutez les échalotes et faites-les revenir 4 mn. Versez le jus de crabe additionné d'eau et le vin, amenez à frémissement. Mettez le poisson et laissez-le cuire 2 mn. Ôtez la sauteuse du feu et retirez le poisson en réservant le jus de cuisson.

Préchauffez le gril du four. Coupez le poivron en dés. Dans un mixeur, mettez 12,5 cl du jus de cuisson réservé, la moitié du poivron, le fromage, la farine, la moutarde et le sel. Mixez pendant 2 mn. Ajoutez cette préparation, ainsi que le lait, au jus de cuisson restant dans la casserole, montez le feu et portez à ébullition. Baissez ensuite le feu et laissez frémir 4 mn, en remuant de temps en temps. Incorporez le reste de poivron rouge, la chair de crabe et le poisson en continuant la cuisson 2 mn encore. Pendant ce temps, faites griller les petits pains coupés en deux. Mettez deux pointes d'asperges sur chaque moitié, recouvrez avec la préparation et faites griller à 12 cm de la rampe 4 mn, ou le temps que la surface bouillonne.   Pour 4 personnes

MOULES AU COULIS DE TOMATE

Les moules sont riches en fer sans apporter de cholestérol.

8 moules, bien grattées

2 c. à s. de vermouth sec

1 c. à c. d'huile d'olive

1 grosse gousse d'ail, écrasée

90 g d'oignons, hachés

500 g de tomates olivettes, concassées

½ c. à c. d'origan séché, émietté

CALORIES par personne	140
48 % de glucides	18 g
26 % de protéines	10 g
26 % de lipides	4 g
CALCIUM	52 mg
FER	4 mg
SODIUM	182 mg

Mettez les moules et le vermouth dans une petite casserole, couvrez et faites cuire 5 mn sur feu assez vif, jusqu'à ce que les moules soient ouvertes : éliminez toutes celles qui restent fermées. Égouttez-les en réservant le jus de cuisson. Décoquillez les moules ; réservez. Pour le coulis : faites chauffer l'huile à feu assez vif dans une grande poêle. Ajoutez l'ail et l'oignon, laissez cuire 2 mn. Ajoutez le jus de cuisson des moules, les tomates et l'origan, montez le feu et poursuivez la cuisson pendant 10 mn ; transférez la sauce dans une terrine et laissez-la refroidir à température ambiante. Répartissez le coulis sur deux assiettes et recouvrez avec les moules.   Pour 2 personnes

SALADE PRINTANIÈRE DE PÂTES ET DE SAUMON

Les asperges sont une bonne source de bêta carotène, de vitamines C et E, et le saumon fournit des vitamines B.

CALORIES par personne	215
57 % de glucides	32 g
24 % de protéines	13 g
19 % de lipides	5 g
CALCIUM	62 mg
FER	2 mg
SODIUM	126 mg

250 g de fusilli ou autres pâtes en « spirales »

1 kg d'asperges, en tronçons

275 g de concombre, en julienne

150 g de courgettes, en julienne

300 g de petits pois surgelés

4 c. à s. de jus de citron

1 c. à s. de zeste de citron, râpé

1 c. à s. d'huile d'olive

125 g de filets de saumon, pochés et émiettés

Sel et poivre

Mettez 2 grandes casseroles d'eau à bouillir. Dans l'une d'elles, faites cuire les pâtes *al dente* en suivant les instructions de l'emballage. Égouttez-les, rincez-les, égouttez-les à nouveau et réservez-les dans une grande terrine. Dans la seconde casserole, blanchissez les asperges pendant 3 mn, jusqu'à ce qu'elles soient tendres mais encore croquantes ; égouttez-les, laissez-les un peu refroidir et joignez-les aux pâtes. Ajoutez concombre, courgettes, petits pois, jus et zeste de citron ainsi que l'huile ; mélangez bien. Incorporez le saumon, le sel et le poivre et tournez délicatement.   Pour 8 personnes

CHAPITRE SEPT

Viande et volaille

La qualité mais pas la quantité

Plus des deux tiers des protéines consommées dans les pays riches proviennent de viandes animales. Bien que les protéines de la viande et de la volaille soient de bonne qualité — elles contiennent la gamme complète des acides aminés essentiels à l'organisme —, il n'en reste pas moins que de nombreuses viandes comportent un taux élevé de lipides saturés et de cholestérol. Heureusement, les éleveurs ont réussi à abaisser le taux de lipides de leurs viandes : selon une étude faite par les services compétents, la viande de bœuf est de 25 % environ moins grasse aujourd'hui qu'il y a une trentaine d'années, et celle du porc plus de 50 % moins grasse. Une portion de 90 grammes de viande maigre ou de volaille cuisinée fournit un quart de la ration quotidienne de protéines recommandée pour un homme et un tiers de celle dont a besoin une femme. La plupart des Occidentaux n'ont plus à se préoccuper d'ingérer suffisamment de protéines : il faudrait plutôt qu'ils apprennent à préparer leurs repas en utilisant des quantités plus faibles de viande et de volaille.

109

La viande est, par ailleurs, l'une des meilleures sources de fer. Une portion de 90 g de bœuf ou d'agneau apporte 25 % de la quantité de fer nécessaire quotidiennement à un homme et environ 20 % de celle dont a besoin une femme. Ce fer, dit hema fer, est de trois à cinq fois mieux assimilé par l'organisme que le fer apporté par les autres aliments. Et, quand on consomme de la viande accompagnée d'aliments tels que les épinards, dont le fer est moins facilement assimilable, une substance contenue dans la viande et que l'on n'a pas identifiée agit un comme catalyseur dans l'assimilation du fer des épinards.

La viande fournit, de plus, une bonne quantité d'autres sels minéraux, en particulier du zinc, du phosphore, du potassium et du cuivre. Toutes les viandes portent des vitamines B (niacine, riboflavine et thiamine et B_{12}). Le porc frais est de loin la meilleure source de thiamine : il en contient deux fois plus par portion qu'aucun autre aliment. Vitamine A, fer, cuivre, zinc, riboflavine et niacine se concentrent surtout dans le foie des animaux. Mais le foie et les autres abats présentent aussi un taux élevé de cholestérol, si bien qu'il est fortement déconseillé d'en consommer plus d'une fois par semaine.

Votre souci primordial, lorsqu'il s'agit de viande, doit être de limiter la quantité de viande *grasse* que vous consommez. La viande grasse, non parée, contient souvent 50 % de calories de plus que le bœuf maigre bien paré et plus de 70 % de ses calories proviennent des graisses (par comparaison avec les 30 à 45 % de celles du bœuf maigre). On peut également acheter de la viande dégraissée hachée. Le veau est aussi une bonne viande maigre.

Une autre façon d'éviter la viande grasse est de donner la priorité au poulet et à la dinde, qui contiennent nettement moins de lipides que la viande rouge. Ôter la peau de la volaille diminue de moitié son taux de lipides. Une fois débarrassé de sa peau, le blanc de poulet ou de dinde contient plus de protéines qu'un steak gras, mais seulement le dixième de ses graisses et la moitié de ses calories. La chair des volailles légèrement plus grasses comme l'oie ou le canard contient moins de graisse que la viande rouge. Achetez des volailles petites et jeunes, moins grasses que les sujets âgés.

La volaille comporte autant d'éléments nutritifs que la viande. En fait, les blancs de poulet et de dinde contiennent même plus de niacine que la viande maigre, surtout chez les sujets jeunes. La volaille à chair brune est riche en riboflavine et en thiamine. Malheureusement, les taux de cholestérol présents dans les volailles sont comparables à ceux de la viande : 60 à 70 mg pour 100 grammes, soit un cinquième environ de la ration quotidienne maximale recommandée. La graisse contient peu de cholestérol, ce qui revient à dire que, même si on enlève la peau grasse et si on pare la viande, pour parvenir à diminuer la quantité de cholestérol, il faut se contenter de petites portions.

Bien préparée, la viande maigre et la volaille sont tendres, savoureuses et nourrissantes. Avant de la faire cuire, retirez de la viande toute la graisse apparente. La viande est aussi bonne grillée ou rôtie (chaleur sèche) que pochée, braisée ou cuite à la vapeur (chaleur humide). La cuisson en chaleur sèche fait fondre l'excédent de graisse, celle en chaleur

Conseils d'achat et de stockage

◆ Achetez la viande la plus maigre possible. Sa teneur en graisse est fonction du morceau. Rond de tranche, épaule, flanchet, aloyau, faux-filet sont les parties les plus maigres du bœuf. Pour ces morceaux, la graisse ne représente, au plus, que 45 % des calories. Dans le porc, l'agneau ou le veau, la quantité de graisse varie moins en fonction des différents morceaux que dans le bœuf.

◆ La meilleure viande de bœuf doit être rouge vif, sa graisse ferme et de couleur ivoire ; le veau de bonne qualité est blanc légèrement rosé et sa graisse de couleur ivoire. Le porc frais doit être de texture ferme, persillé et d'une couleur variant du rose grisé au rose foncé ; la couche de graisse qui l'enrobe doit être blanche. Éliminez toute graisse apparente avant de faire cuire la viande.

◆ Gardez la viande fraîche dans le compartiment le plus froid du réfrigérateur. Les gros morceaux (steaks et rôtis) peuvent y séjourner de 3 à 4 jours, les plus petits de 2 à 3 jours et la viande hachée quelques heures seulement. Les gros morceaux de viande congelée ne doivent pas rester au réfrigérateur plus de neuf mois et la viande hachée plus de trois mois.

◆ Les poulets sont classés en poulet de Bresse, poulet fermier, classe A et classe B. Le poids moyen d'un poulet de six semaines se situe entre 1,25 et 1,5 kilo. Comme sa teneur en graisse est faible et sa chair extrêmement tendre, il est excellent sauté, grillé ou rôti. À l'opposé, la poule à préparer en ragoût, sera âgée de huit mois au moment de sa mise sur le marché. Sa chair, plus ferme et plus fibreuse que celle du poulet, demande une cuisson prolongée. Pour cette raison, elle sert à faire les soupes et les bouillons. Vous pouvez conserver les poulets dans la partie la plus froide du réfrigérateur un jour ou deux et les garder congelés pendant 12 mois au moins. La dinde peut rester au moins une semaine au réfrigérateur et six mois au congélateur. La volaille surgelée doit être décongelée au réfrigérateur.

humide attendrit les morceaux maigres. D'une façon générale, la viande des animaux jeunes cuit plus rapidement que celle des sujets plus âgés. Si vous devez l'arroser d'un corps gras, servez-vous d'une petite quantité d'huile végétale.

Pour vous garantir contre la trichinose, assurez-vous que le porc est cuit à une température minimale interne de 60 °C. Cuite à point, la viande de porc doit être blanche et exempte de traces de rose. Tout comme la viande, on peut cuire la volaille à chaleur sèche ou humide. Mais, si vous la grillez ou si vous la cuisez au four, surveillez bien le temps de cuisson. Grillée à chaleur trop intense, ou cuite au four trop longtemps, la volaille durcira et se dessèchera. La cuisson à chaleur humide préserve mieux la saveur de la volaille et contribue à l'attendrir.

Les recettes qui sont proposées dans les pages suivantes font appel aussi bien à la volaille qu'aux morceaux de viande maigre, pour réaliser des plats principaux, des salades, des sandwiches ou des plats d'accompagnement. Si une portion de 90 grammes environ de viande ou de volaille vous semble un peu chiche par rapport à vos rations habituelles, votre appétit sera néanmoins comblé par l'apport de légumes et d'autres aliments riches en glucides.

Rouleaux de printemps en habit de laitue

ROULEAUX DE PRINTEMPS EN HABIT DE LAITUE

Ces rouleaux garnis de légumes et enveloppés de salade contiennent moins de graisses et plus de fibres que les rouleaux traditionnels.

175 g de vermicelles de riz

1 c. à s. plus 1 c. à c. de gingembre frais, râpé

2 c. à s. de sauce soja peu salée

2 c. à s. de vinaigre de riz

1½ c. à s. de miel

125 g de carottes râpées

60 g de ciboules, émincées, haut des tiges réservé

1 c. à s. de farine de maïs

¼ de c. à c. de sel

2 c. à c. d'huile de maïs

250 g de longe de porc maigre, désossée et finement hachée

2 c. à c. d'huile pimentée

2 gousses d'ail

125 g de chou chinois, émincé

100 g de germes de soja

4 grandes feuilles de chicorée de trévise

8 feuilles de laitue : laitue pommée et feuille de chêne, par exemple

1 c. à s. de cacahuètes grillées, non salées, hachées

CALORIES par personne	370
56 % de glucides	52 g
19 % de protéines	17 g
25 % de lipides	10 g
CALCIUM	69 mg
FER	3 mg
SODIUM	500 mg

Portez à ébullition 2 litres d'eau. Mettez les vermicelles dans une jatte en terre, versez dessus l'eau bouillante et laissez tremper 7 mn. Égouttez-les et rincez-les à l'eau froide. Remettez dans le bol 450 g des vermicelles cuits, ajoutez 1 c. à c. de gingembre, 1½ c. à c. de sauce soja, 1 c. à s. plus 1 c. à c. de vinaigre, 1 c. à c. de miel, 30 g de carottes et la moitié des ciboules. Remuez bien, réservez. Hachez grossièrement le reste des vermicelles, réservez.

Mélangez dans un petit bol la farine de maïs et le sel, le reste de sauce soja, de vinaigre, de miel et 2 c. à s. d'eau ; réservez. Dans un wok ou une grande poêle, faites chauffer l'huile de maïs à feu moyen. Faites frire le porc et les ciboules restantes pendant 2 mn ; transférez dans un grand bol. Ajoutez l'huile pimentée dans la poêle, faites frire l'ail, le reste de gingembre pendant 1 mn puis le chou, les germes de soja, le reste des carottes et laissez cuire 1 mn. Ajoutez alors le mélange à base de farine de maïs, laissez cuire 1 mn encore. Versez le contenu de la poêle dans le bol contenant le porc, ajoutez-y les vermicelles hachés.

Répartissez le mélange à base de porc sur chaque feuille de trévise et de laitue feuille de chêne, roulez-les, maintenez-les avec le haut de ciboules ; disposez les rouleaux sur 4 assiettes. Mettez les feuilles de laitue pommée sur chaque assiette, remplissez-les du mélange vermicelles-légumes. Saupoudrez les vermicelles de cacahuètes hachées.   Pour 4 personnes

BŒUF SAUTÉ AUX LÉGUMES

Contrairement à la plupart des modes de friture, les sautés rapides ne nécessitent que peu d'huile car le fait de les remuer sans arrêt les empêchent d'attacher.

2 c. à s. d'huile d'olive	300 g d'épinards, épluchés
3 c. à s. de vinaigre de riz	175 g de riz blanc long grain
5 c. à s. de fond de veau non salé	60 g de ciboules, émincées
2 gousses d'ail, écrasées	90 g de mange-tout, épluchés,
1 c. à s. de gingembre frais, râpé	coupés en 2 en biais
1 c. à s. de cinq-épices chinois	250 g de châtaignes d'eau de
½ c. à c. de sel	conserve, égouttées
125 g de rumsteak maigre, coupé	125 g de radis, finement émincés
en lanières de 7,5 cm de long	500 g de bouquets de brocolis

Mélangez, dans une jatte, huile, vinaigre, fond de veau, ail, gingembre, cinq-épices et sel. Ajoutez le bœuf et laissez mariner à température ambiante 30 mn. Pendant ce temps, détaillez les épinards en chiffonnade. Dans une casserole moyenne, portez à ébullition 60 cl d'eau. Mettez-y le riz, couvrez et laissez cuire 40 mn, à feu doux, jusqu'à ce que l'eau soit absorbée.

Égouttez le bœuf, réservez la marinade. Dans un wok ou une grande poêle, faites chauffer à feu vif 1 c. à s. de marinade. Ajoutez le bœuf, cuisez-le 2 mn. Transférez-le dans un petit bol, réservez. Mettez dans la poêle le reste de marinade, chauffez 30 s et ajoutez les ciboules, les mange-tout, les châtaignes d'eau, les radis, les brocolis puis les épinards. Couvrez, faites cuire 2 mn, jusqu'à ce que les épinards s'affaissent. Découvrez la poêle, remuez le mélange pendant 2 mn. Remettez le bœuf dans la poêle et faites-le réchauffer. Disposez sur un plat le riz en dôme, recouvrez-le avec les légumes et le bœuf.   Pour 4 personnes

Note : le cinq-épices chinois contient de l'anis, de l'anis étoilé (badiane), de la cannelle, des clous de girofle, du fenouil et/ou du poivre du Sichuan. On en trouve dans les épiceries orientales et certains supermarchés.

O*n pense généralement que les œufs à coquille brune sont plus nutritifs que les œufs à coquille blanche ; il n'en est rien. Toutefois, les œufs des poules élevées en liberté contiennent légèrement plus de vitamine B_{12} et d'acide folique que ceux des poules de batterie. Conservez les œufs au réfrigérateur dans un récipient fermé pour qu'ils ne s'imprègnent pas des odeurs des autres aliments.*

CALORIES par personne	330
58 % de glucides	48 g
14 % de protéines	12 g
28 % de lipides	10 g
CALCIUM	90 mg
FER	4 mg
SODIUM	352 mg

FETTUCCINE À LA DINDE MARINÉE AU CITRON

La dinde est une bonne source de niacine, vitamine B dont les muscles ont besoin pour utiliser les glucides.

CALORIES par personne	380
67 % de glucides	65 g
20 % de protéines	19 g
13 % de lipides	6 g
CALCIUM	73 mg
FER	3 mg
SODIUM	207 mg

250 g de blanc de dinde
le zeste râpé d'un citron vert
3 c. à s. de jus de citron vert
4 c. à s. de fond de volaille non salé
1 c. à s. de câpres
150 g de raisins de Smyrne
Sel et poivre

250 g de fettuccine
1 c. à s. d'huile de maïs
350 g de concombre, taillé en julienne
250 g de haricots verts, blanchis
125 g de carottes, en julienne
90 g de champignons, émincés
4 c. à s. de persil haché

Portez 25 cl d'eau à ébullition à feu moyen, dans une poêle. Ajoutez la dinde, baissez le feu et laissez frémir, à découvert, 15 mn. Retirez la poêle du feu et laissez la dinde refroidir dans le liquide de cuisson. Mélangez, dans un grand bol, le zeste de citron, le jus, le fond de volaille, les câpres, les raisins secs, le sel et le poivre. Égouttez la dinde, mettez-la dans ce mélange, couvrez et laissez mariner au moins 4 h à température ambiante, ou toute la nuit au réfrigérateur.

Amenez à ébullition une grande casserole d'eau. Faites-y cuire les fettuccine *al dente*. Égouttez-les, mettez-les dans un grand bol, mélangez-les à l'huile. Ajoutez les légumes, mélangez bien. Égouttez la dinde, réservez la marinade. Coupez la dinde en tranches minces. Répartissez les fettuccine dans cinq assiettes, disposez dessus les tranches de dinde. Arrosez avec la marinade et saupoudrez de persil. Pour 5 personnes

SOUPE DE BŒUF AU CHOU ET À LA BIÈRE

La viande de bœuf à braiser est très grasse. Il est plus sain, pour les ragoûts et les soupes, d'utiliser du rumsteak ou de l'aloyau.

1 c. à s. plus 1 c. à c. d'huile de maïs
250 g de rumsteak ou d'aloyau, coupé en dés de 2,5 cm
500 g de chou, finement émincé
175 g d'oignons, hachés
1 c. à c. de graines de carvi
$\frac{1}{4}$ de c. à c. de poivre noir

25 cl de purée de tomates
35 cl de bière
4 c. à s. de jus de citron
2 c. à s. de miel
350 g de pommes de terre, pelées et coupées en dés de 2,5 cm
$\frac{1}{2}$ c. à c. de sel

CALORIES par personne	190
53 % de glucides	26 g
23 % de protéines	11 g
24 % de lipides	5 g
CALCIUM	59 mg
FER	2 mg
SODIUM	392 mg

Faites chauffer l'huile, à feu moyen, dans une casserole à fond épais ou une cocotte. Faites dorer le bœuf de 3 à 5 mn. Retirez-le, mettez-le sur une assiette, réservez. Ajoutez dans la casserole le chou, l'oignon, les graines de carvi et le poivre. Faites cuire à feu moyen, en tournant de temps en temps, 10 mn. Versez alors 50 cl d'eau, la purée de tomates, la bière, le jus de citron et le miel. Portez ce mélange à ébullition et remettez le bœuf dans la casserole. Baissez le feu, couvrez, laissez frémir 30 mn en remuant de temps en temps. Ajoutez les pommes de terre, couvrez, laissez frémir de 1 h $\frac{1}{4}$ à 1 h $\frac{1}{2}$. Avant de servir, salez et poivrez au goût. Pour 6 personnes

CHOU FARCI AU RIZ ET AU JAMBON CRU

Ici, le jambon apporte de la thiamine, vitamine B utilisée dans le métabolisme des glucides et le fonctionnement du système nerveux.

12 grandes feuilles de chou

20 g de beurre, amolli

1 petit oignon, haché

1 pomme, pelée, évidée et grossièrement hachée

30 g de carotte, râpée

175 g de jambon de Parme ou de Westphalie, coupé en petits dés

150 g de riz blanc long grain, cuit

125 g de riz sauvage, cuit

100 g de châtaignes, épluchées, grossièrement hachées

1 œuf

1 c. à c. de thym séché

$\frac{1}{2}$ c. à c. de poivre

$\frac{1}{4}$ de c. à c. de sauge séchée

$\frac{1}{8}$ de c. à c. de sel

4 baies de genièvre, écrasées

30 cl de vin blanc

30 cl de fond de volaille non salé

1 échalote de taille moyenne, finement émincée

2 c. à c. de zeste d'orange, râpé

250 g de tomates, grossièrement hachées

4 c. à c. de farine ordinaire

Portez à ébullition une grande casserole d'eau. Faites blanchir les feuilles de chou pendant 2 mn. Passez-les sous l'eau froide, séchez-les, réservez. Faites chauffer $\frac{1}{4}$ du beurre dans une petite poêle, à feu moyen. Ajoutez l'oignon, faites cuire 30 s. Couvrez la poêle et laissez cuire 3 mn. Ajoutez la pomme, la carotte et le jambon, couvrez, cuisez 3 mn encore. Mettez ce mélange dans un grand bol, versez-y les deux sortes de riz. Ajoutez les châtaignes, l'œuf, $\frac{1}{4}$ de c. à c. de thym, le poivre, la sauge, le sel, les baies de genièvre et mélangez bien.

Préchauffez le four à 180° (thermostat 4). Retirez la côte centrale de chacune des feuilles de chou. Tapissez le fond d'une louche d'une de ces feuilles, garnissez-la de $2\frac{1}{2}$ c. à s. de farce *(voir ci-contre)*. Roulez la feuille autour de cette farce pour obtenir une petite boule bien nette. Répétez l'opération avec les autres feuilles de chou. Lorsque tous les rouleaux sont prêts, rangez-les dans un plat à four. Ajoutez le vin, le fond de volaille, l'échalote, le zeste d'orange, la moitié des tomates et portez à ébullition à feu moyen. Couvrez le plat, mettez-le au four 40 mn.

Éteignez le four. À l'aide d'une écumoire, retirez les rouleaux de chou avec précaution, mettez-les sur un plat, couvrez d'une feuille d'aluminium, remettez-les au four pour les garder chauds. Pour la sauce, filtrez le liquide de cuisson dans un petit bol, remettez-le dans le plat. Ajoutez le thym et le reste des tomates. Mélangez, dans un petit bol, la farine et le reste de beurre pour obtenir une pâte onctueuse. Portez à ébullition le liquide de cuisson à feu moyen, versez dedans le beurre manié, faites bouillir 1 mn. Versez cette sauce sur les rouleaux de chou.   Pour 6 personnes

Note : les baies de genièvre se trouvent facilement. Les griller légèrement dans une poêle sèche avant de les écraser fait ressortir leur saveur.

CALORIES par personne	245
61 % de glucides	37 g
18 % de protéines	11 g
21 % de lipides	6 g
CALCIUM	90 mg
FER	3 mg
SODIUM	530 mg

Utilisez des ciseaux de cuisine ou un couteau pointu pour retirer la côte centrale des feuilles de chou, qu'on aura blanchies pour les attendrir.

Placez une feuille de chou dans le creux d'une louche, farcissez-la de $2\frac{1}{2}$ cuillères à soupe de farce. Repliez la feuille pour enfermer la farce.

RIZ AU POULET

Ce plat nécessite du brun de poulet (cuisses, pilons), qui contient plus de riboflavine que le blanc. Des études ont montré que les femmes qui font de l'exercice ont des besoins plus grands en riboflavine que les autres.

2 c. à s. plus 1 c. à c. d'huile d'olive	$\frac{1}{4}$ de c. à c. de stigmates de safran
250 g d'oignons, hachés	200 g de riz long grain
1 petit poivron rouge, haché	60 cl de vin blanc
1 petit poivron vert, haché	25 cl de fond de volaille non salé
2 feuilles de laurier	250 g de brun de poulet, cuit, peau
2 c. à c. d'ail, écrasé	ôtée, coupé en dés de 1 cm
1 c. à c. d'origan séché, écrasé	$\frac{1}{2}$ c. à c. de sel
$\frac{1}{2}$ c. à c. de piment fort en paillettes	Poivre noir

Préchauffez le four à 180° (thermostat 4). Dans une cocotte peu profonde, faites chauffer l'huile à feu moyen jusqu'à ce qu'elle se ride en surface. Mettez-y l'oignon, les poivrons, les feuilles de laurier, l'origan, les paillettes de piment, et faites cuire 5 mn, jusqu'à ce que les oignons et les poivrons soient tendres. Ajoutez le safran et le riz, remuez jusqu'à ce que le riz soit enrobé d'huile. Ajoutez le vin et le fond de poulet. Quand le mélange commence à frémir, ajoutez le poulet et le sel. Couvrez la cocotte, enfournez-la pendant 30 mn, jusqu'à ce que le liquide soit absorbé. Poivrez selon le goût. Retirez les feuilles de laurier avant de servir.   Pour 4 personnes

CALORIES par personne	470
55 % de glucides	64 g
19 % de protéines	21 g
26 % de lipides	13 g
CALCIUM	71 mg
FER	5 mg
SODIUM	351 mg

CURRY D'AGNEAU

CALORIES par personne	460
64 % de glucides	76 g
17 % de protéines	20 g
19 % de lipides	10 g
CALCIUM	120 mg
FER	5 mg
SODIUM	593 mg

L'agneau est une excellente source de zinc, sel minéral nécessaire au bon fonctionnement du système immunitaire.

4 c. à c. d'huile d'arachide

175 g d'oignons, hachés

1 c. à c. d'ail écrasé

½ c. à c. de piment fort
   en paillettes

1 feuille de laurier

1 c. à c. de poudre de curry

1 c. à c. de curcuma

250 g d'agneau maigre, désossé
   coupé en languettes de 5 cm

25 cl de tomates réduites en purée

125 g de raisins de Smyrne

1 c. à s. de vinaigre de vin rouge

½ c. à c. de sel

250 g de bouquets de chou-fleur,
   coupés en morceaux de 1 cm

200 g de haricots verts, coupés
   en bâtonnets de 5 cm

175 g de riz long grain

12,5 cl de yogourt au lait entier

Faites chauffer l'huile, à feu moyen, dans une casserole à fond épais ou une cocotte. Faites sauter l'oignon et l'ail avec les paillettes de piment, la feuille de laurier, la moitié du curry et du curcuma, en remuant de temps en temps pendant 5 mn. Mettez alors les languettes d'agneau, faites cuire de 2 à 3 mn, jusqu'à ce qu'elles soient dorées de tous côtés. Versez 50 cl d'eau, la purée de tomates, les raisins secs, le vinaigre, le sel et le reste de curry et de curcuma. Portez à ébullition, à couvert, et laissez frémir 45 mn.

Pendant que l'agneau cuit, portez à ébullition 2,5 cm d'eau dans une casserole de taille moyenne. Mettez le chou-fleur et les haricots verts dans le panier de cuisson d'un cuit-vapeur et cuisez-les de 7 à 10 mn, jusqu'à ce qu'ils soient tendres. Retirez-les du panier; réservez. Portez à ébullition 60 cl d'eau dans la casserole, jetez-y le riz, couvrez et faites cuire à feux doux 20 mn, jusqu'à ce que toute l'eau soit absorbée. Quand l'agneau est tendre, ajoutez le chou-fleur et les haricots verts, couvrez et laissez mijoter 5 mn encore pour les réchauffer. Retirez la casserole du feu, ôtez la feuille de laurier. Versez le yogourt dans le curry et servez accompagné du riz.

Pour 4 personnes

CLUB SANDWICH À LA CAPONATA

Le jambon, dans cette recette, contient une bonne quantité de vitamine B_1
(thiamine), qui joue un rôle important dans la rupture des molécules de
glucides, libératrice d'énergie.

CALORIES par personne	340
59 % de glucides	53 g
22 % de protéines	20 g
19 % de lipides	8 g
CALCIUM	173 mg
FER	5 mg
SODIUM	904 mg

½ petite aubergine

1 courgette

3 gros poivrons verts

1 oignon jaune

2 c. à c. d'huile d'olive

2 gousses d'ail, écrasées

400 g de tomates de conserve
   avec leur jus

1 c. à s. de vinaigre de vin rouge,
   de préférence balsamique

2 c. à s. de basilic frais, haché,
   ou 2 c. à c. de basilic séché

½ c. à c. d'origan séché, écrasé

2 tomates fraîches

1 petit oignon rouge

12 tranches de pain complet

12 tranches de jambon de Parme
   ou de tout autre jambon cru
   maigre, traité

8 feuilles de laitue

Préchauffez le gril. Détaillez l'aubergine, la courgette, les poivrons, l'oignon
jaune en morceaux de 2 cm, étalez-les sur la plaque du four. Grillez-les à
12,5 cm de la rampe, de 10 à 12 mn, ou jusqu'à ce qu'ils soient tendres, en
les remuant de temps en temps. Chauffez l'huile d'olive dans une casserole à
feu moyen. Ajoutez l'ail et les légumes grillés, faites sauter 2 mn. Ajoutez les
tomates de conserve et leur jus, le vinaigre, le basilic et l'origan, portez à
ébullition, baissez le feu. Laissez mijoter le mélange, à découvert, 20 mn, ou
jusqu'à ce que le liquide soit évaporé. Laissez refroidir.

Coupez les tomates fraîches et l'oignon en tranches. Faites rôtir le pain.
Tartinez-en 4 tranches avec 4 c. à s. chacune de légumes mélangés, recouvrez-les d'une autre tranche toastée. Répartissez ensuite le prosciutto, la
tomate, l'oignon et la laitue, recouvrez d'une troisième tranche de pain.
Introduisez de longs cure-dents pour maintenir chaque sandwich.

Pour 4 personnes

Club sandwich à la caponata

BROCHETTES D'AGNEAU,
SAUCE AU CONCOMBRE ET YOGOURT

90 g d'agneau fournissent jusqu'à 25 % de la quantité de fer journalière nécessaire, sous forme d'hemo fer, mieux assimilé que le fer des légumes.

17,5 cl de jus de citron

2 c. à s. d'huile d'olive

2 gousses d'ail, écrasées

1 c. à c. de sel

½ c. à c. de cumin, moulu

¼ de c. à c. de poivre de Cayenne

750 g de gigot d'agneau, désossé, coupé en cubes de 2,5 cm

1 petit concombre

12,5 cl de yogourt maigre nature

30 g de feuilles de menthe fraîche, hachées

175 g de couscous

350 g de tomates-cerises

1 gros oignon, coupé en lamelles

1 poivron vert et 1 poivron rouge, coupés en carrés de 2,5 cm

10 pruneaux, coupés en dés

Dans un petit bol, mélangez 12,5 cl de jus de citron, l'huile, l'ail, le sel, le cumin, le poivre de Cayenne. Ajoutez les cubes d'agneau, laissez mariner 1 h à température ambiante. Pendant ce temps, pour la sauce, pelez, épépinez, râpez et pressez le concombre pour en extraire l'eau. Dans un autre bol, mélangez le concombre, le yogourt, la menthe et le reste de jus de citron. Couvrez et mettez au réfrigérateur jusqu'au moment de servir.

Un quart d'heure avant de servir, préchauffez le gril. Portez 35 cl d'eau à ébullition dans une casserole. Mettez le couscous dans une jatte, versez dessus l'eau bouillante, couvrez. Laissez le couscous s'attendrir 10 mn. Pendant ce temps, enfilez en alternant les cubes d'agneau, les tomates, les morceaux d'oignon, les carrés de poivron sur 6 brochettes. Grillez ces brochettes 4 mn à 10 cm de la rampe, retournez-les, grillez-les 4 mn encore. Découvrez le couscous, aérez-le à la fourchette, ajoutez les pruneaux et mélangez. Renversez le couscous sur un plat et disposez les brochettes dessus. Servez la sauce concombre-yogourt à part. Pour 6 personnes

CALORIES par personne	290
54 % de glucides	37 g
21 % de protéines	14 g
25 % de lipides	7 g
CALCIUM	70 mg
FER	2 mg
SODIUM	418 mg

SALADE CHINOISE AU POULET

Le blanc de poulet est moins riche en graisses que le brun. De toute façon, le poulet contient moins de graisses que l'oie ou le canard.

CALORIES par personne	470
65 % de glucides	77 g
18 % de protéines	22 g
17 % de lipides	9 g
CALCIUM	69 mg
FER	4 mg
SODIUM	356 mg

250 g de blanc de poulet désossé, sans la peau
125 g de chou chinois, coupé en lanières
150 g de poivron rouge, autant de jaune et de vert, tous 3 coupés en julienne
125 g d'asperges, blanchies, coupées en morceaux de 2,5 cm
100 g de germes de soja

6 c. à s. de jus de citron
1 gousse d'ail, écrasée
1 c. à s. de gingembre frais, râpé
½ c. à c. de piment fort en paillettes
3 c. à s. de sauce de soja peu salée
2 c. à s. d'huile de sésame
500 g de linguine, cuites, égouttées et rafraîchies
1 petit melon d'Espagne, pelé et coupé en fines lamelles

Portez à ébullition, à feu moyen, 25 cl d'eau dans une casserole. Ajoutez le poulet, baissez le feu, laissez frémir pendant 10 mn. Retirez le poulet, laissez-le refroidir.

Coupez le poulet en fines lanières et mettez-le dans un saladier. Ajoutez le chou, les poivrons, les asperges et les germes de soja. Pour la sauce d'accompagnement, mélangez, dans un bol, le jus de citron, l'ail, le gingembre, les paillettes de piment, la sauce de soja et l'huile de sésame. Versez la sauce dans le saladier et remuez bien. Sur un plat, faites un dôme avec les linguine, recouvrez-le du poulet assaisonné. Garnissez cette salade des lamelles de melon. Pour 6 personnes

Lorsque vous coupez de la viande ou de la volaille crues sur une planche à découper, vous libérez des jus qui peuvent favoriser la prolifération de bactéries nocives. Après avoir coupé votre viande, lavez soigneusement la planche à l'eau chaude et au détergent. Vous devez, de plus, la nettoyer périodiquement avec une solution légère à base de chlore pour détruire les bactéries éventuelles. Si possible, utilisez une seconde planche à découper pour vos légumes.

BŒUF AU PAPRIKA

Dans cette recette, le bœuf est une excellente source de fer, essentiel au bon état des globules rouges qui charrient l'oxygène à travers le corps.

600 g de filet, paré, coupé en 4 morceaux
¼ de c. à c. de sel
Poivre noir
2½ c. à s. de paprika
2 c. à s. de farine ordinaire
1 c. à s. d'huile de carthame ou de maïs

1 oignon, coupé en cubes de 2,5 cm
1 poivron vert, coupé en carrés
1 gousse d'ail, finement haché
35 cl de fond de veau ou de poulet, non salé
125 g de champignons, les plus gros coupés en deux

CALORIES par personne	315
11 % de glucides	9 g
46 % de protéines	36 g
43 % de lipides	15 g
CALCIUM	40 mg
FER	3 mg
SODIUM	180 mg

Assaisonnez les morceaux de bœuf de sel et d'un peu de poivre. Mélangez, sur une assiette, 2 c. à s. de paprika avec la farine. Passez chaque morceau de viande dans ce mélange pour bien les enrober. Mettez de côté ce qu'il en reste. Faites chauffer à feu moyen, dans une poêle anti-adhésive, 1 c. à c. d'huile. Saisissez juste la viande, mettez-la dans un petit bol et réservez.

Essuyez la poêle avec du papier absorbant; faites-y chauffer les 2 c. à c. d'huile restantes. Ajoutez l'oignon, le poivron et l'ail, faites-les sauter en remuant de temps en temps, 5 mn environ, ou jusqu'à ce que les oignons deviennent transparents. Ajoutez le reste du mélange farine-paprika, puis versez le fond de volaille ou de veau.

Ajoutez la viande, amenez à frémissement, couvrez la poêle et laissez mijoter le bœuf et les légumes 1 h $\frac{1}{4}$ environ. Mettez les champignons et la $\frac{1}{2}$ c. à s. de paprika restante. Cuisez à couvert 15 mn encore. Servez le bœuf garni de légumes et recouvert de sauce. Pour 4 personnes

Bœuf au paprika

CHAPITRE HUIT

Les produits laitiers

Importante source de calcium, de vitamines A, D et B et de protéines d'appoint des plats végétariens

Le lait et d'autres produits laitiers — y compris babeurre, fromage et yogourt — sont les meilleures sources de calcium. Ils fournissent les trois quarts environ de notre consommation de ce sel minéral. Un verre de lait contient environ 200 mg de calcium, qui constitue une part substantielle des 500 mg recommandés quotidiennement aux adultes et des 1 200 conseillés aux femmes enceintes et à celles qui allaitent. Bien que les produits laitiers soient la source la plus riche de calcium, d'autres aliments peuvent en apporter une quantité non négligeable si on en consomme suffisamment *(voir illustration, page 21)*. Le calcium est un élément essentiel de la croissance et du bon état des os et des dents. Et, pourtant, des études ont fait apparaître que plus des deux tiers des femmes et plus de la moitié des hommes des pays occidentaux n'absorbent pas assez de calcium.

Le manque de calcium est en partie responsable de l'ostéoporose, fragilisation progressive des os dont sont souvent frappés les hommes et les femmes d'un certain âge. Des recherches ont montré que, absorbé dans les proportions qui conviennent — non seulement pendant l'enfance mais tout au long de la vie —, le calcium peut prévenir ou tout au moins retarder l'ostéoporose. Une consommation insuffisante de calcium peut aussi conduire à la détérioration puis à la perte des dents. Des études associent une tension élevée à l'absence de calcium.

Outre le calcium, le lait et les produits laitiers fournissent en quantités variables la plupart des autres éléments nutritifs essentiels. Un verre de 20 cl de lait (entier, demi-écrémé ou écrémé) contient environ 9 % des protéines dont un adulte a besoin chaque jour, et ce, sous une forme presque totalement assimilable et utilisable par l'organisme. Ses protéines étant des protéines complètes, le lait apporte en complément aux légumineuses, aux céréales et aux pains, les deux acides aminés — lysine et méthionine — dont ceux-ci manquent.

Le lait entier contient les vitamines A et D et l'une des vitamines B. Comme les laits écrémé et demi-écrémé perdent les vitamines liposolubles, A et D, au cours du processus d'écrémage, ils sont presque toujours enrichis. Le lait ne contient qu'une petite quantité de vitamine C, encore amoindrie par les hautes températures nécessaires à la pasteurisation. Les sels minéraux contenus dans le lait comportent le phosphore, le potassium et une très petite quantité de fer facilement assimilable ainsi que du magnésium, du cuivre, du chlore et du soufre. Malheureusement, le lait renferme aussi une importante quantité de sodium, inconvénient aggravé, dans la plupart des fromages, par l'adjonction, à ces derniers, de sel au cours de leur fabrication.

Le plus sérieux inconvénient du lait lorsqu'il est entier est qu'il contient une grosse quantité de graisses saturées. Mais le lait demi-écrémé n'en compte que la moitié, le lait écrémé pratiquement pas, tout en apportant la moitié des calories du lait entier. Boire chaque jour 45 cl de lait écrémé suffit à pourvoir aux 500 mg de calcium nécessaires aux adultes, avec un apport de 140 calories au lieu des 285 apportées par la même quantité de lait entier. Les dérivés des laits écrémé et demi-écrémé, tels que le babeurre, le yogourt et les fromages maigres (y compris le fromage blanc et la ricotta maigres) sont plus sains que les produits à base de lait entier ; ils sont tout aussi nutritifs et beaucoup moins chargés en graisses. C'est avec modération que vous devez consommer la plupart des fromages à pâte dure, riches en graisses.

Certaines personnes ont du mal à digérer de grandes quantités de lait à cause du lactose (sucre du lait) qu'il contient. Cette difficulté s'explique par le fait que la lactase, enzyme digestive qui aide le lactose à se décomposer en glucose et en galactose, ses deux composants, n'est pas produite en quantités suffisantes. Les individus intolérants au lactose souffrent de gonflements, de gaz, de crampes et de diarrhée, résultat du passage à travers les intestins du sucre non digéré.

Les personnes qui ne supportent pas le lactose peuvent essayer les produits laitiers traités comme le fromage, le yogourt, le babeurre, le kéfir. Dans tous ces aliments, le lactose a été partiellement décomposé par des micro-organismes bénéfiques. Même si vous ne consommez que des produits laitiers traités, vous pouvez y puiser votre dose quotidienne nécessaire de calcium. Si vous souffrez d'intolérance au lactose, évitez de consommer des produits laitiers l'estomac vide et limitez-en la quantité de chaque prise. Les produits laitiers ensemencés sont non seulement plus faciles à digérer, mais il semblerait que le calcium qu'ils contiennent

Conseils d'achat et de stockage

◆ Le lait s'achète sous diverses formes. Le plus courant est le lait entier (dans lequel les lipides représentent 48 % des calories); viennent ensuite le lait demi-écrémé (30 % seulement), le lait écrémé (4 %), le babeurre (à base de lait écrémé ou demi-écrémé fermenté), le yogourt (produit fermenté fait à partir de lait plus ou moins écrémé), la crème fleurette (les lipides représentent 86 % des calories), la crème double (les lipides représentent 97 % des calories), le lait concentré (mis en boîte et stérilisé après évaporation de 60 % de son eau), le lait en poudre (sans trace d'eau), le lait à taux réduit de sodium (95 % du sodium supprimé). Le lait cru, non pasteurisé, est vendu chez certains détaillants, mais peut contenir des bactéries dangereuses.

◆ Conservez le lait dans son emballage et gardez-le dans le compartiment le plus froid du réfrigérateur. Le lait exposé à la lumière change non seulement de goût mais perd aussi sa riboflavine. Le lait frais pasteurisé peut se garder cinq jours après son achat.

◆ Alors que le fromage à pâte dure peut se garder au réfrigérateur plusieurs semaines, le fromage à pâte molle n'y résiste que quelques jours. Enveloppez étroitement le fromage à pâte dure pour l'empêcher de sécher. Coupé en morceaux bien enveloppés dans un film de plastique, vous pouvez le congeler, contrairement au fromage à pâte molle ou au fromage blanc. La congélation détériore leur texture.

soit mieux assimilable. Il semblerait aussi que ces produits diminuent les risques de cancer du gros intestin. Dans ce livre, de nombreuses recettes utilisent des produits laitiers traités, pauvres en graisses.

C'est parce que les produits laitiers sont particulièrement nutritifs que vous devriez les utiliser au maximum dans de nombreux plats, aussi bien au petit déjeuner qu'au dîner. Cependant, faites attention en les cuisinant : le goût, l'odeur, la consistance du lait peuvent être altérés par une cuisson prolongée à température élevée. Remuez souvent le lait en train de chauffer ou chauffez-le au bain-marie. Couvrez-le, sinon la peau qui se forme à la surface empêche la vapeur de se dégager et peut amener le lait à se «sauver» de la casserole. Si vous écumez la peau formée, vous perdez des éléments nutritifs essentiels. Le lait peut brûler ou cailler; faites cuire les plats contenant du lait à chaleur modérée.

Vous pouvez remplacer le lait frais par du lait écrémé en poudre dans la plupart des recettes en le passant au tamis avec les autres ingrédients secs et en compensant l'absence de liquide par de l'eau. L'utilisation de lait écrémé en poudre est un moyen facile d'augmenter la valeur nutritive d'un plat en n'y ajoutant que quelques calories.

Le fromage doit être chauffé à basse température pour l'empêcher de durcir ou de se coaguler. Trop chauffées, les sauces à base de fromage peuvent «tourner». Si vous vous servez du four, réglez-le à température moyenne et veillez à n'ajouter le fromage qu'en fin de cuisson. Les plats au fromage cuisent mieux au four si le plat de cuisson est mis dans un plat rempli d'eau chaude ou si le fromage est recouvert de miettes de pain ou d'une autre garniture isolante.

GALETTES À LA RICOTTA ET SAUCE FRAISE

La ricotta maigre que l'on trouve chez certains fromagers ne comporte que 30 % de matières grasses.

300 g de fraises	125 g de ricotta maigre
2 c. à s. de jus d'orange	4 c. à s. de lait demi-écrémé
½ c. à c. de zeste d'orange, râpé	6 c. à s. de farine
6 c. à s. de sucre en poudre	¼ c. à c. de levure chimique
2 œufs de gros calibre, jaune et blanc séparés	1 pincée de sel
	2 c. à c. d'huile de maïs

Pour faire la sauce, lavez, séchez et équeutez les fraises. Mettez-en le quart dans un mixeur et réduisez en purée. Ajoutez le jus d'orange, le zeste et 4 c. à s. de sucre, mixez pour bien lier le tout. Versez dans un bol. Coupez le reste des fraises en tranches, ajoutez-les à la purée. Réservez.

Pour la pâte à galettes, mélangez les jaunes d'œufs et la ricotta dans le mixeur, battez jusqu'à ce que le mélange soit lisse. Ajoutez le lait, la farine, la levure, le sel et le sucre restant, mixez jusqu'à ce que le mélange soit homogène ; versez-le dans un grand bol. Dans un autre bol, montez les blancs d'œufs en neige ferme mais pas sèche. Incorporez doucement les blancs à la pâte. Réservez.

Faites chauffer, dans une grande poêle anti-adhésive, 1 c. à c. d'huile sur feu moyen. Confectionnez 4 galettes en utilisant pour chacune 4 c. à s. de pâte. Faites-les cuire 4 mn environ, jusqu'à ce que le dessus forme de petites bulles, retournez-les, cuisez-les 3 ou 4 mn sur l'autre face, ou jusqu'à ce qu'elles soient dorées. Mettez les galettes sur un plat, recouvrez d'une feuille d'aluminium pour les tenir chaudes. Ajoutez dans la poêle l'huile restante et confectionnez 4 autres galettes. Répartissez les galettes sur 4 assiettes, garnissez-les de sauce aux fraises. *Pour 4 personnes*

CALORIES par personne	250
58% de glucides	37 g
14% de protéines	9 g
28% de lipides	8 g
CALCIUM	144 mg
FER	1 mg
SODIUM	141 mg

QUESADILLAS AUX LÉGUMES

Cette version mexico-texane d'un sandwich grillé au fromage convient parfaitement pour un déjeuner léger ou un petit déjeuner.

2 tortillas à la farine *(recette suivante)*	2 ciboules, finement hachées
2 tomates olivettes fraîches, coupées en tranches	1 grosse carotte, râpée
½ poivron rouge, finement haché	60 g de Cheddar râpé
½ poivron jaune, finement haché	60 g de yogourt maigre nature
	2 c. à s. de sauce taco en bouteille
	10 tiges de cresson, épluchées

Faites chauffer à feu moyen une poêle anti-adhésive. Mettez une tortilla dans la poêle de 2 à 3 mn pour la chauffer. Retournez-la, mettez la moitié des tomates, des poivrons, des ciboules et de la carotte sur la moitié de la tortilla. Recouvrez les légumes avec la moitié du fromage, du yogourt, de la sauce taco et du cresson. Repliez la seconde moitié de la tortilla sur cette garniture, continuez la cuisson 3 mn, jusqu'à ce que le fromage ait fondu. Mettez la quesadilla sur une assiette, couvrez-la d'une feuille d'aluminium pour la tenir chaude et confectionnez une seconde quesadilla. *Pour 2 personnes*

CALORIES par personne	310
35% de glucides	28 g
17% de protéines	13 g
48% de lipides	17 g
CALCIUM	400 mg
FER	2 mg
SODIUM	400 mg

TORTILLAS A LA FARINE

CALORIES par tortilla	150
46% de glucides	18 g
8% de protéines	3 g
46% de lipides	8 g
CALCIUM	35 mg
FER	traces
SODIUM	65 mg

150 g de farine complète
$\frac{1}{3}$ de c. à c. de sel

45 g de margarine polyinsaturé

Mélangez la farine, le sel, la margarine. Ajoutez petit à petit $4\frac{1}{2}$ c. à s. d'eau chaude et pétrissez la pâte pendant 3 mn. Placez-la dans une terrine, couvrez d'un film plastique et laissez reposer 15 mn à température ambiante. Partagez la pâte en six, aplatissez chaque portion au rouleau sur une planche farinée afin d'obtenir un cercle de 20 cm de diamètre.

Faites cuire chaque tortilla dans une poêle ou une crêpière anti-adhésive, légèrement graissée, jusqu'à ce qu'il se forme de petites bulles — 30 secondes environ. Aplatissez les bulles avec une spatule ou une cuillère en bois, puis retournez la tortilla et faites cuire l'autre côté pendant 30 secondes.

Pour obtenir 6 tortillas

FROMAGE DE YOGOURT AUX HERBES ET AUX POMMES DE TERRE

Le fromage de yogourt maigre est un excellent produit de remplacement du fromage blanc, riche en graisse, auquel il ressemble, tant par la consistance, que par l'aspect et le goût. Les pommes de terre chaudes présentent un avantage nutritif incontestable sur les pommes chips.

25 cl de yogourt maigre nature
2 c. à s. de ciboules, hachées
1 c. à s. d'aneth frais, haché

1 gousse d'ail, pelée et écrasée
8 petites pommes de terre nouvelles

CALORIES par personne	100
74% de glucides	19 g
18% de protéines	5 g
8% de lipides	1 g
CALCIUM	93 mg
FER	1 mg
SODIUM	34 mg

Tapissez une passoire d'une mousseline humide, mettez-la au dessus d'une tasse. Mélangez dans un bol le yogourt, les ciboules, l'aneth et l'ail, remuez bien. Versez le yogourt dans la passoire, couvrez d'un film plastique, posez dessus un petit bol, alourdi d'une boîte de conserve ou de tout autre poids. Mettez à égoutter au réfrigérateur pendant une nuit.

Vingt minutes avant de servir, brossez sous l'eau froide les pommes de terre et mettez-les dans une casserole remplie d'eau froide. Portez à ébullition à feu vif puis baissez le feu et laissez bouillir de 15 à 20 mn, jusqu'à ce que les pommes de terre soient tendres. Retirez le yogourt de la passoire, disposez-le en dôme sur un plat. Coupez les pommes de terre en tranches de 5 mm d'épaisseur, mettez-les autour du fromage de yogourt et servez immédiatement. Pour 4 personnes

COMPOTE DE FRUITS SECS À LA CRÈME DE RICOTTA

Les 125 g de ricotta maigre utilisée pour ce dessert contiennent plus de calcium que 25 cl de lait écrémé.

350 g de fruits secs mélangés
25 cl de porto rouge
1 bâton de cannelle
4 lanières de zeste d'orange de
   5 cm × 3 mm
4 lanières de zeste de citron de

5 cm × 3 mm
4 c. à s. de sucre en poudre
60 g de fromage blanc au lait
   entier, à la température ambiante
125 g de ricotta maigre
4 c. à s. de crème fleurette

Mélangez, dans une petite casserole en matériau neutre, les fruits secs, le porto, la cannelle, les zestes d'orange et de citron et le sucre, portez à ébullition sur feu moyen. Baissez le feu, couvrez et laissez frémir 20 mn. Passez les fruits, réservez le sirop de porto, soit environ 4 c. à s.

Dans un bol de taille moyenne, battez au mixeur le fromage blanc jusqu'à ce qu'il soit lisse et mousseux. Ajoutez la ricotta, battez le tout 3 mn encore. Ajoutez la crème fleurette et le sirop de porto, continuez de battre pour bien mélanger. Répartissez les fruits cuits dans 4 bols, recouvrez chaque part d'un quart de la crème de ricotta. Servez. Pour 4 personnes

CALORIES par personne	200
70% de glucides	37 g
7% de protéines	4 g
23% de lipides	5 g
CALCIUM	79 mg
FER	1 mg
SODIUM	53 mg

◁ *Compote de fruits secs à la crème de ricotta*

PÂTES AU PESTO DE CORIANDRE

Le fromage blanc allégé utilisé dans ce plat d'accompagnement contient beaucoup moins de graisses saturées que la crème et le beurre souvent utilisés dans la sauce des pâtes. Il apporte, en outre, du calcium.

60 g de pâtes linguine (pâtes longues et fines)
125 g de fromage blanc à 20%
15 g de feuilles de coriandre
½ c. à c. de sel

2½ c. à c. d'huile d'olive
3 gousses d'ail, épluchées et finement émincées
¼ de c. à c. de piment fort en paillettes, ou selon le goût

CALORIES par personne	210
49% de glucides	25 g
22% de protéines	11 g
29% de lipides	7 g
CALCIUM	62 mg
FER	1 mg
SODIUM	504 mg

Portez à ébullition une grande casserole d'eau. Faites cuire les linguine *al dente* selon les indications portées sur l'emballage. Égouttez, réservez. Pour la sauce, mettez le fromage blanc, les feuilles de coriandre et le sel dans un mixeur, battez jusqu'à ce que le mélange soit lisse ; réservez. Faites chauffer, dans une petite poêle, l'huile, l'ail et le piment à feu très doux 5 mn, ou jusqu'à ce que l'ail soit doré. Retirez la poêle du feu, ajoutez les pâtes et la sauce. Mélangez bien. Pour 2 personnes

GRATIN D'OIGNON

La plupart des recettes de gratin d'oignon utilisent beaucoup de beurre, ainsi que du lait entier ; tous deux contiennent de grandes quantités de graisses saturées. Cette savoureuse recette n'utilise, elle, que du lait demi-écrémé et très peu de beurre.

500 g de petits oignons blancs
1 c. à s. de sucre
1 c. à c. de beurre
1 c. à s. de farine
25 cl de lait demi-écrémé

⅛ de c. à c. de sauge séchée
¼ de c. à c. de sel
2 c. à s. de parmesan, râpé
4 c. à s. de persil, haché

CALORIES par personne	110
62% de glucides	18 g
18% de protéines	5 g
20% de lipides	2 g
CALCIUM	147 mg
FER	1 mg
SODIUM	225 mg

Mettez dans une poêle les oignons, le sucre et 17,5 cl d'eau, et faites cuire à feu moyen, en tournant de temps en temps, 25 mn environ, ou jusqu'à ce que presque tout le liquide soit évaporé et que les oignons soient tendres et dorés. Surveillez soigneusement la cuisson, ajoutez au besoin un peu d'eau pour que les oignons ne brûlent pas. Retirez du feu et réservez.

Préchauffez le four à 190° (thermostat 5). Pour la sauce, faites fondre le beurre dans une petite casserole, ajoutez la farine en remuant, incorporez petit à petit le lait, faites cuire en tournant constamment, 4 mn environ, jusqu'à ce que la sauce épaississe légèrement. Réduisez la sauge en poudre entre vos doigts, ajoutez-la ainsi que le sel. Mettez les oignons dans un plat à gratin d'une contenance d'un litre, versez dessus la sauce pour les recouvrir. Saupoudrez de parmesan, enfournez de 10 à 15 mn, jusqu'à ce que le dessus du gratin soit doré et que se forment de petites bulles. Saupoudrez le gratin de persil et servez. Pour 4 personnes

Salade de pommes de terre, de concombre et de poivron rouge ▷

SALADE DE POMMES DE TERRE, DE CONCOMBRE ET DE POIVRON ROUGE

Le babeurre est un produit laitier allégé, préférable aux assaisonnements classiques, telle la mayonnaise, chargés en graisse.

500 g de pommes de terre nouvelles	2 c. à s. de crème aigre
½ petit concombre	2 c. à s. d'oignon rouge, grossièrement haché
1 poivron rouge	½ c. à c. de sel
2 gousses d'ail, épluchées	¼ de c. à c. de poivre
25 cl de babeurre	1 c. à c. de persil, haché

Mettez une grande casserole d'eau à bouillir. Brossez sous l'eau froide les pommes de terre, coupez-les en cubes de 2,5 cm, faites-les bouillir 15 mn environ, jusqu'à ce qu'elles soient tendres. Pendant ce temps, pelez et épépinez le concombre et coupez-le en gros dés. Épépinez le poivron rouge et coupez-le en carrés de 2,5 cm. Mettez à bouillir une casserole d'eau. Faites blanchir le concombre 1 mn ; sortez-le, passez-le sous l'eau froide. Dans la même eau, faites blanchir le poivron, retirez-le, rafraîchissez-le sous l'eau froide. Faites de même pour l'ail, 4 mn ; égouttez et réservez. Égouttez les pommes de terre, laissez-les tiédir.

Pour l'assaisonnement, mettez l'ail dans un mixeur avec 60 g des pommes de terre et 6 c. à s. de babeurre. Réduisez en purée, ajoutez la crème aigre et le reste du babeurre. Dans un bol, mélangez le reste des pommes de terre, le concombre, le poivron et l'oignon. Versez l'assaisonnement, le sel et le poivre, mélangez. Saupoudrez la salade de persil et servez.   Pour 4 personnes

CALORIES par personne	140
72% de glucides	26 g
14% de protéines	5 g
14% de lipides	2 g
CALCIUM	96 mg
FER	1 mg
SODIUM	350 mg

FONDUE AU FROMAGE

Le lait écrémé est la forme de lait la moins calorique. Le Cheddar n'est pas un produit pauvre en graisses mais il possède une saveur puissante et persistante et ici il en faut à peine 30 g par portion.

CALORIES par personne	240
49% de glucides	29 g
17% de protéines	10 g
34% de lipides	9 g
CALCIUM	209 mg
FER	1 mg
SODIUM	382 mg

125 g d'oignon rouge, finement haché

1 c. à c. d'huile d'olive

17,5 cl de bière

250 g de Cheddar fait, râpé

4 c. à s. de chapelure fine

3 c. à s. de farine

$\frac{1}{4}$ de c. à c. de moutarde de Dijon

2 c. à c. de sauce Worcester

1 c. à c. de vinaigre de vin blanc

17,5 cl de lait écrémé

$\frac{1}{8}$ de c. à c. de poivre de Cayenne

350 g de pain baguette

2 grosses pommes

Faites sauter dans une grande poêle, à feu moyen, l'oignon dans l'huile 10 mn environ, jusqu'à ce qu'il soit tendre. Ajoutez la bière, montez le feu, faites cuire 20 mn environ, jusqu'à ce que la bière soit réduite de moitié. Versez le contenu de la poêle dans un mixeur, ajoutez le fromage, la chapelure, la farine, la moutarde, la sauce Worcester, le vinaigre, le lait et le poivre de Cayenne, battez pour obtenir un mélange lisse. Versez-le dans une casserole, laissez mijoter à feu moyen, en tournant souvent, de 8 à 10 mn, jusqu'à ce que les arômes soient bien développés et la fondue bien chaude. Pendant ce temps, coupez le pain en tranches, ainsi que les pommes évidées. Servez la fondue dans un service à fondue posé sur un réchaud. Trempez le pain et les pommes directement dans le plat.   Pour 10 personnes

LAIT CAILLÉ AUX FRUITS SUR TOAST

CALORIES par personne	230
59% de glucides	37 g
19% de protéines	12 g
22% de lipides	6 g
CALCIUM	54 mg
FER	2 mg
SODIUM	355 mg

Excellent substitut du beurre ou du fromage crémeux sur du pain grillé, le lait caillé contient moitié moins de graisses que le fromage blanc au lait entier et deux fois plus de calcium.

175 g de lait caillé, égoutté

30 g d'abricots secs, hachés

2 c. à s. de raisins secs

2 c. à s. de jus d'orange

1 c. à s. de miel

$\frac{1}{4}$ de c. à c. de zeste d'orange, râpé

$\frac{1}{8}$ de c. à c. d'extrait de vanille

8 tranches de pain complet, grillé

Préchauffez le gril. Mettez le lait caillé dans un bol et battez-le à la cuillère en bois. Ajoutez tous les ingrédients, sauf le pain, mélangez bien. Étalez cette mixture sur les toasts, faites griller 3 mn environ, ou jusqu'à ce que le fromage soit bien chaud. Servez immédiatement.   Pour 4 personnes

BOISSON AU BABEURRE ET AUX FRUITS

Dans cette recette, les fruits fournissent du potassium, sel minéral qui aide à maintenir l'équilibre des fluides dans l'organisme. C'est une boisson idéale après des exercices intensifs.

60 g d'abricots secs
125 g de poires de conserve au naturel, égouttées

17,5 cl de babeurre
½ banane de taille moyenne
2 cubes de glace

CALORIES par personne	345
84% de glucides	78 g
10% de protéines	9 g
6% de lipides	2 g
CALCIUM	257 mg
FER	4 mg
SODIUM	205 mg

Coupez les abricots en quatre et mettez-les dans un bol. Couvrez-les d'eau bouillante. Laissez refroidir puis mettez-les au réfrigérateur toute la nuit.

Jetez l'excédent de liquide et mettez les abricots dans un mixeur. Réduisez-les en purée, remettez cette purée dans le bol. Réduisez les poires en purée, puis ajoutez la purée d'abricots, le babeurre, la banane et deux cubes de glace, mixez le tout jusqu'à ce que le mélange soit lisse.   Pour 1 personne

FLANS À LA RICOTTA ET À LA PURÉE DE PÊCHES

Le flan au fromage ne comporte pas nécessairement de fromage gras, de beurre ou une grande quantité d'œufs. La ricotta maigre fournit la base de ce dessert onctueux.

125 g de pêches séchées
125 g de sucre en poudre
5 c. à s. plus 1 c. à c. de jus de citron
1 jaune d'œuf de gros calibre
12,5 cl de lait écrémé

7 g de gélatine en poudre
1 c. à c. de zeste de citron râpé
1 pincée de sel
300 g de ricotta maigre
½ c. à c. d'extrait de vanille
1 pêche, en tranches fines

Pour la purée de pêches, faites tremper les pêches avec 17,5 cl d'eau chaude dans une terrine 30 mn. Mettez les fruits et l'eau de trempage dans un mixeur, ajoutez 4 c. à s. de sucre et 4 c. à c. de jus de citron et réduisez en purée. Remettez la purée dans la terrine et faites-la refroidir au réfrigérateur.

Dans la partie inférieure d'un cuit-vapeur, mettez juste assez d'eau à frémir pour qu'elle n'affleure pas le récipient supérieur. Mélangez le jaune d'œuf et le lait dans la casserole du haut et laissez cuire au-dessus de l'eau frémissante, en fouettant sans cesse, 5 mn environ. Incorporez la gélatine, le zeste de citron, le sel et le reste du sucre. Toujours en fouettant, poursuivez la cuisson 4 mn environ, jusqu'à ce que la gélatine fonde et que la crème anglaise épaississe. Transférez dans une grande terrine et laissez refroidir.

Mettez la ricotta dans le mixeur et mixez jusqu'à ce qu'elle soit lisse. Ajoutez l'extrait de vanille, le reste de jus de citron et mixez à nouveau. Mélangez délicatement la ricotta et la crème anglaise. Répartissez la préparation dans quatre ramequins d'une contenance de 12,5 cl. Recouvrez-les d'un film plastique et mettez au réfrigérateur au moins 1 h. Démoulez chaque petit flan sur une assiette à dessert et disposez sur le dessus de chaque flan deux tranches de pêche. Servez la purée à part.

Pour 4 personnes

CALORIES par personne	350
66% de glucides	60 g
15% de protéines	14 g
19% de lipides	8 g
CALCIUM	268 mg
FER	2 mg
SODIUM	156 mg

◁ *Flans à la ricotta et à la purée de pêches*

LAIT MERINGUÉ À LA VANILLE

CALORIES par personne	130
65% de glucides	19 g
33% de protéines	10 g
2% de lipides	traces
CALCIUM	231 mg
FER	traces
SODIUM	146 mg

Cette recette basses-calories est une boisson parfaite à prendre avant un exercice physique. Il est, en effet, préférable, avant de pratiquer un exercice, d'éviter les aliments et les boissons trop riches.

35 cl de lait écrémé	2 blancs d'œufs
2 gousses de vanille, fendues,	4 c. à c. de sucre en poudre
ou 2 c. à c. d'extrait de vanille	1 pincée de cannelle

Mettez le lait et les gousses de vanille, si vous les utilisez, dans une casserole et faites chauffer sur feu doux pendant 15 mn environ. Transférez dans un grand bol et laissez reposer 30 mn, jusqu'à refroidissement complet. Retirez les gousses de vanille. Mettez le lait au réfrigérateur jusqu'à ce qu'il soit devenu très froid. (L'extrait de vanille devra être simplement mélangé au lait froid.) Placez le bol de lait dans le congélateur pendant 1 h 30 ou 2 h.

Dans un grand bol, battez les blancs d'œufs au fouet électrique, jusqu'à ce qu'ils deviennent mousseux, ajoutez le sucre, puis battez-les en neige ferme. Incorporez la moitié des blancs dans le lait. Versez ce mélange dans deux verres, recouvrez avec le reste des blancs et laissez en attente 10 mn : la meringue va se séparer et redonner au lait une consistance de boisson. Saupoudrez de cannelle et servez.   Pour 2 personnes

Note : le lait meringué peut aussi être parfumé avec de l'extrait d'amandes ou de rhum, et saupoudré d'autres épices ou de chocolat râpé.

MOUSSE DE BANANE

CALORIES par personne	250
58% de glucides	36 g
10% de protéines	6 g
32% de lipides	9 g
CALCIUM	80 mg
FER	1 mg
SODIUM	48 mg

Le calcium et le phosphore, que l'on trouve dans les produits laitiers tel le yogourt, sont deux sels minéraux essentiels à la solidité des os.

4 bananes mûres, pelées	½ c. à c. d'extrait de vanille
30 cl de yogourt au lait entier	½ c. à c. de gingembre, moulu
4 c. à s. de fromage blanc allégé	4 c. à s. d'amandes, grillées,
2 c. à s. de jus de citron	grossièrement hachées
6 c. à s. de sucre	2 blancs d'œufs
7 g de gélatine en poudre	6 c. à s. de noix de coco séchée,
3 c. à s. de rhum ambré	non sucrée

Mettez les bananes dans un mixeur et réduisez-les en purée ; vous devez obtenir 35 cl environ de purée. Transférez-la dans une terrine. Ajoutez le yogourt, le fromage blanc, le jus de citron et 2 c. à s. de sucre ; réservez. Mélangez la gélatine et le rhum dans une casserole et faites chauffer à feu doux jusqu'à ce que la gélatine soit dissoute. Incorporez ce mélange à la purée de banane, puis ajoutez vanille, gingembre et amandes ; réservez.

Dans un grand bol, montez les blancs d'œufs en neige au fouet électrique. Incorporez les blancs dans le mélange aux bananes. Versez la mousse dans un moule ou bien répartissez-la dans six coupes. Mettez au réfrigérateur 3 à 4 h. Pendant ce temps, faites griller la noix de coco à sec dans une poêle, à feu moyen, en remuant de temps en temps, pendant 2 mn ; laissez refroidir. Avant de servir, saupoudrez de noix de coco.   Pour 6 personnes

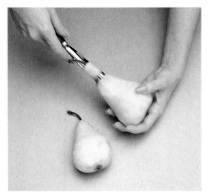

Avec un vide-pommes, creusez les poires vers le bas afin de former une cavité pour la garniture de fromage.

Mettez le fromage dans une poche à pâtisserie munie d'une douille ordinaire, puis farcissez l'intérieur des poires.

Avec un pinceau, enduisez les poires de sirop réchauffé, puis piquez une feuille de menthe sur chaque poire.

POIRES POCHÉES FARCIES AU ROQUEFORT

La peau des fruits permet de conserver intactes la plus grande partie des vitamines qu'ils contiennent, aussi est-il préférable de ne peler les poires qu'au moment de leur cuisson.

3 poires (Comice de préférence) fermes
35 cl de vin blanc sec
6 c. à s. de sucre
2 c. à s. de raisins de Smyrne

90 g de roquefort ou autre variété de bleu
3 feuilles de menthe fraîche, pour la garniture

Pelez les poires ; enlevez le cœur et les pépins en les perçant depuis la tige et creusez légèrement l'intérieur afin de pouvoir les farcir *(ci-dessus, à gauche)*. Mettez les poires avec le vin et le sucre dans une casserole en matériau neutre. Couvrez et faites pocher les poires 10 mn sur feu assez doux, en les retournant de temps en temps. Ajoutez les raisins secs et poursuivez la cuisson 20 mn, jusqu'à ce que les poires soient juste à point. (Le temps de cuisson varie selon la maturité des poires.) Ôtez les poires de la casserole, en réservant le jus de cuisson, et laissez-les refroidir.

Mettez le fromage dans un bol et travaillez-le à la cuillère en bois pour le rendre crémeux et mousseux. Transférez-le dans une poche à pâtisserie et farcissez l'intérieur des poires *(ci-dessus, au centre)*. Disposez celles-ci sur un plat. Remettez le jus de cuisson à chauffer sur feu assez vif et laissez-le réduire, à découvert, pendant 10 mn, ou jusqu'à ce qu'il devienne sirupeux. Badigeonnez les poires de ce sirop, garnissez chacune d'une feuille de menthe et disposez les raisins secs autour du plat. Servez chaque poire accompagnée d'un peu du sirop restant et de raisins.   Pour 3 personnes

CALORIES par personne	305
67% de glucides	53 g
9% de protéines	7 g
24% de lipides	9 g
CALCIUM	179 mg
FER	1 mg
SODIUM	402 mg

REMERCIEMENTS

Les éditeurs adressent leurs remerciements à Norma MacMillan et Christine Noble.

L'index de l'édition américaine a été préparé par Ian Tucker.

CRÉDITS PHOTOGRAPHIQUES

Toutes les photographies sont de Steven Mays, Rebus, Inc., à l'exception de celles des pages 37, 105, 123 et 126 : John Elliott ; pages 6, 28, 44, 92 et 108 : James Murphy ; et page 32 : Ian O'Leary.

SOURCES DES ILLUSTRATIONS

Page 11, illustration : conçue par Brian Sisco, illustré par David Flaherty ; page 12, tableau : Brian Sisco ; page 13, illustration : David Flaherty ; page 14 : illustration : conçue par David Flaherty ; page 21, illustration : David Flaherty.

Composition photographique par Photocompo Center, Bruxelles, Belgique.
Impression par GEA, Milan. — Relié par GEP, Crémone, Italie.
Dépôt légal : août 1988.

INDEX DES RECETTES

Cet index vous aidera à organiser vos repas à l'avance. De nombreux plats figurant sous Déjeuners peuvent aussi servir de dîners légers et certaines soupes et salades constituent souvent de vrais repas.

INDEX